市立札幌開成中等教育学校

〈 収 録 内 容 〉

JN078934

⬇ 便利な DL コンテンツは右の QR コードから

解答用紙

問題は
紙面に掲載

過去年度

⇒

※データのダウンロードは 2025 年 3 月末日まで。
※データへのアクセスには、右記のパスワードの入力が必要となります。 ⇒ 842936

本書の特長

実戦力がつく入試過去問題集

▶ 問題 …………… 実際の入試問題を見やすく再編集。
▶ 解答用紙 ……… 実戦対応仕様で収録。
▶ 解答解説 ……… 解答例は全問掲載。詳しくわかりやすい解説には、難易度の目安がわかる「基本・重要・やや難」の分類マークつき（下記参照）。各科末尾には合格へと導く「ワンポイントアドバイス」を配置。

入試に役立つ分類マーク

基本 ▶ 確実な得点源！
受験生の 90％以上が正解できるような基礎的、かつ平易な問題。
何度もくり返して学習し、ケアレスミスも防げるようにしておこう。

重要 ▶ 受験生なら何としても正解したい！
入試では典型的な問題で、長年にわたり、多くの学校でよく出題される問題。
各単元の内容理解を深めるのにも役立てよう。

やや難 ▶ これが解ければ合格に近づく！
受験生にとっては、かなり手ごたえのある問題。
合格者の正解率が低い場合もあるので、あきらめずにじっくりと取り組んでみよう。

合格への対策、実力錬成のための内容が充実

▶ 各科目の出題傾向の分析、最新年度の出題状況の確認で、入試対策を強化！
▶ その他、学校紹介、過去問の効果的な使い方など、学習意欲を高める要素が満載！

解答用紙ダウンロード 解答用紙はプリントアウトしてご利用いただけます。弊社ＨＰの商品詳細ページよりダウンロードしてください。トビラのＱＲコードからアクセス可。

---

famima PRINT 原本とほぼ同じサイズの解答用紙は、全国のファミリーマートに設置しているマルチコピー機のファミマプリントで購入いただけます。※一部の店舗で取り扱いがない場合がございます。詳細はファミマプリント（http://fp.famima.com/）をご確認ください。

UD FONT 見やすく読みまちがえにくいユニバーサルデザインフォントを採用しています。

● ● ● 公立中高一貫校の
入学者選抜 ● ● ●

ここでは，全国の公立中高一貫校で実施されている入学者選抜の内容について，
その概要を紹介いたします。

公立中高一貫校の入学者選抜の試験には，適性検査や作文の問題が出題されます。

多くの学校では，「適性検査Ⅰ」として教科横断型の総合的な問題が，「適性検査Ⅱ」として作文が
出題されます。しかし，その他にも「適性検査」と「作文」に分かれている場合など，さまざまな形
式が存在します。

出題形式が異なっていても，ほとんどの場合，教科横断的な総合問題（ここでは，これを「適性検
査」と呼びます）と，作文の両方が出題されています。

それぞれに45分ほどの時間をかけていますが，そのほかに，適性検査がもう45分ある場合や，リス
ニング問題やグループ活動などが行われる場合もあります。

例として，東京都立小石川中等教育学校を挙げてみます。

① 文章の内容を的確に読み取ったり，自分の考えを論理的かつ適切に表現したりする力をみ
る。

② 資料から情報を読み取り，課題に対して思考・判断する力，論理的に考察・処理する力，的確
に表現する力などをみる。

③ 身近な事象を通して，分析力や思考力，判断力などを生かして，課題を総合的に解決できる力
をみる。

この例からも「国語」や「算数」といった教科ごとの出題ではなく，「適性検査」は，私立中学の
入試問題とは大きく異なることがわかります。

東京都立小石川中等教育学校の募集要項には「適性検査により思考力や判断力，表現力等，小学校
での教育で身に付けた総合的な力をみる。」と書かれています。

教科知識だけではない総合的な力をはかるための検査をするということです。

実際に行われている検査では，会話文が多く登場します。このことからもわかるように，身近な生
活の場面で起こるような設定で問題が出されます。

これらの課題を，これまで学んできたさまざまな教科の力を，知識としてだけではなく活用して，
自分で考え，文章で表現することが求められます。

実際の生活で，考えて，問題を解決していくことができるかどうかを学校側は知りたいということ
です。

問題にはグラフや図，新聞なども多く用いられているので，情報を的確につかむ力も必要となりま
す。

算数や国語・理科・社会の学力を問うことを中心にした問題もありますが，出題の形式が教科のテ
ストとはかなり違っています。一問のなかに社会と算数の問題が混在しているような場合もありま
す。

少数ではありますが，家庭科や図画工作・音楽の知識が必要な問題も出題されることがあります。

作文は，文章を読んで自分の考えを述べるものが多く出題されています。

　文章の長さや種類もさまざまです。筆者の意見が述べられた意見文がもっとも多く採用されていますが，物語文，詩などもあります。作文を書く力だけでなく，文章の内容を読み取る力も必要です。

　調査結果などの資料から自分の意見をまとめるものもあります。

　問題がいくつかに分かれているものも多く，最終の１問は400字程度，それ以外は短文でまとめるものが主流です。

　ただし，こちらも，さまざまに工夫された出題形式がとられています。

　それぞれの検査の結果は合否にどのように反映するのでしょうか。

　東京都立小石川中等教育学校の場合は，適性検査Ⅰ・Ⅱ・Ⅲと報告書（調査書）で判定されます。

　報告書は，400点満点のものを200点満点に換算します。

　適性検査は，それぞれが100点満点の合計300点満点を，600点満点に換算します。

　それらを合計した800点満点の総合成績を比べます。

　このように，形式がさまざまな公立中高一貫校の試験ですが，文部科学省の方針に基づいて行われるため，方向性として求められている力は共通しています。

　これまでに出題された各学校の問題を解いて傾向をつかみ，自分に足りない力を補う学習を進めるとよいでしょう。

　また，環境問題や国際感覚のような出題されやすい話題も存在するので，多くの過去問を解くことで基礎的な知識を蓄えておくこともできるでしょう。

　適性検査に特有の出題方法や解答方法に慣れておくことも重要です。

　また，各学校間で異なる形式で出題される適性検査ですが，それぞれの学校では，例年，同じような形式がとられることがほとんどです。

　目指す学校の過去問に取り組んで，形式をつかんでおくことも重要です。

　時間をはかって，過去問を解いてみて，それぞれの問題にどのくらいの時間をかけることができるか，シミュレーションをしておきましょう。

　検査項目や時間に大きな変更のある場合は，事前に発表がありますので，各自治体の教育委員会が発表する情報にも注意しましょう。

札幌市立 札幌開成 中等教育学校
（さっぽろかいせい）

https://www.kaisei-s.sapporo-c.ed.jp/

〒065-8558　札幌市東区北22条東21-1-1
☎011-788-6987
交通　地下鉄東豊線元町駅　徒歩15分
　　　地下鉄南北線北24条駅　バス
　　　地下鉄東豊線環状通東駅　バス

［カリキュラム］

・6年間を基礎期（1・2年）、充実期（3・4年）、発展期（5・6年）とし、段階的に学びを深化させていく。

・基礎期から充実期までは、4クラスを6チームの少人数に分けて教育活動に取り組む。

・授業は**1日4セッション**。1セッションは50分×2で構成。

・国際的な感覚・視野を養うために、全ての授業で「**国際バカロレア（IB）**」を活用し、「課題探求的な学習」に取り組む。IBとは国際標準の教育プログラムのこと。

・**課題探求的な学習**は実験・観察や討論・発表など、生徒同士が主体となって行われる。

・後期課程（高校段階）では「**コズモサイエンス科**」（単位制）となり、「理数数学」「理数物理」「Theory of Knowledge」など、理科・数学・英語の授業は専門的な内容を学習する。

［部活動］

・放課後ユニットとして、心理探求、化学実験、アイデア発想、国際交流、和歌研究、天文、生物などの各班がある。

★設置部

軟式野球（前期）、硬式野球（後期）、バスケットボール、バドミントン、陸上、サッカー、硬式テニス、管弦楽、美術、演劇、書道、茶道

［行　事］

7月　開成祭、体育大会、球技大会
9月　探究マルシェ
10月　道内宿泊研修（2年）
2月　ウインタースポーツ体験
3月　研究成果報告会、海外見学旅行（4年）

［進　路］

・後期課程（高校段階）へは無試験で進むことができる。

・**進路探究学習**として、自分プレゼン（生徒主体の三者面談）、企業訪問、職場体験、キャリアコミュニティ（異学年合同進路探求）などを実施。

★卒業生の主な合格実績

北海道大、名古屋大、大阪大、北海道教育大、小樽商科大、室蘭工業大、帯広畜産大、北見工業大、札幌医科大、札幌市立大、はこだて未来大、釧路公立大

［トピックス］

・札幌開成高校を母体に、平成27年4月開校。29年3月に**国際バカロレア（IB）のミドル・イヤーズ・プログラム（MYP）認定校**となった（公立学校で全国初）。

・平成29年より5年間、文部科学省指定の**スーパーサイエンスハイスクール（SSH）**に指定された（2期目）。また、平成26年度から5年間、**スーパーグローバルハイスクール（SGH）**に指定された。

・従来の生徒がホームルーム教室で待機して授業を受けるタイプではなく、教科ごとにそれぞれの特徴に対応した環境が整備された教室（「数学科ゾーン」「社会科ゾーン」など）へ移動する「**教科教室型**」の校舎を採用するなど、授業だけでなく施設・設備においても新しい試みに取り組んでいる。

・服装は基本的に自由だが、式典の際は紺のブレザー・エンブレム・白のワイシャツ・ネクタイを着用する。

・**通学区域**は札幌市内全域。出願時に通学区域内に保護者と共に住所を有し、入学後も引き続き通学区域内から通学することが確実な場合に出願することができる（令和5年度）。

・令和5年度の入学者は次のように決定された。まず、①「出願理由等説明書」②「児童の状況調書」③「適性検査Ⅰ及びⅡの結果」を資料として用いて、募集人員の2倍以内まで**一次検査通過者**を選考する。次に、一次検査通過者に対して、①「出願理由等説明書」②「児童の状況調書」③「適性検査Ⅰ及びⅡの結果」④「グループ活動の結果」を資料とし選考する。それぞれ募集人数の1/4程度を**入学予定者**として決定した上で、①～③で入学予定者とならなかった者を対象に、「調査書」「適性検査ⅠおよびⅡ」「グループ活動」の結果を総合的に評価して残りの入学予定者を決定する。

入試！インフォメーション

※本欄の内容はすべて令和6年度入試のものです。

受検状況

募集定員	志願者数	倍　率
160	490	3.1

出題傾向の分析と 合格への対策

●出題傾向と内容

札幌市立札幌開成中等教育学校では，適性検査Ⅰと適性検査Ⅱの2種の検査が実施された。いずれの検査も実施時間は45分で，100点満点である。

適性検査Ⅰは，大問2問からなり，主に算数の問題が出題される。いずれの大問も会話文や資料の読み解きを必要とする出題が中心である。複雑な操作を行う手順の問題が出題されるが，落ち着いて読めば理解することは難しくないだろう。問題をよく読み，論理的に思考することが求められる。また，日常的な場面で表を用いる問題が出題されることもある。

適性検査Ⅱも，大問2問からなり，国語，社会を中心として出題される。1つの事柄について分析し，新たに自分の案を考えて説明する問題，算数の要素を含む問題も出題される年もある。また，話し合いの文章やデータやメモを読み，特徴を分析したり，課題を設定したり，自分の意見や新たな提案を述べたりする問題が出題された。会話や条件をふまえて新聞記事を書く問題が出題されることもある。問題文で指示されている条件を正しく読み取り，時間内で書ききることができるよう，時間配分を意識して解くことが必要である。

● 2025年度の予想と対策

全検査構成は，適性検査Ⅰと適性検査Ⅱの2検査で実施される傾向が続くと思われる。

適性検査Ⅰでは，2016年度までは国語や算数を中心とした分野，2017年度以降は算数を中心とした問題が出題されているが，例年論理的な思考力を求める特殊な問題が出題されており，今後もこの傾向は続くことが予想される。初見の問題でも戸惑うことのないよう，同様の問題にできるだけあたり，慣れておきたい。

適性検査Ⅱでは，2016年度以降，構成に大きな変わりはなく，記述を中心とした出題が今後も続くことが予想される。ふだんから新聞を読んで身近な事柄に関心をもち，読んだ記事の要約やそれに対する自分の意見をまとめる練習をしておくとよい。

また，2023年度は自ら新聞記事を書くという想定の特殊な問題が出題された。さまざまな文章にふれ，文章の構成やトピックのちがいなどの特徴をまとめておくとあわてることがない。

✔ 学習のポイント

適性検査Ⅰ，Ⅱともに記述問題が数多く出題されるので，時間内に要点を落とさず文章を書く練習をしよう。理由や意見を相手に伝わるように書く表現力も養っておこう。

出題内容	2020年	2021年	2022年	2023年	2024年
算数 工夫して計算する					
割合の計算					
平面図形					■2
立体図形					
速さの計算					
単位量の計算					
表・グラフ					
場合の数		■1	■1(1)	■1(5)	
規則性をつかむ		■2		■1,2	■2
論理・推理	■1		■1(2)-(5),2	■1,2	■1
図を使って解く	■2			■2	
理科 雲・天気					
光					
磁石					
電気					
ふりこ					
てこ					
水					
ものの燃え方					
もののとけ方					
人の体のつくり					
植物					
動物・こん虫・微生物					
月・太陽					
地層その他					
社会 地域の地理					
地域の経済・産業					
地域の文化・歴史					
日本の地理					
日本の経済・産業					
日本の文化・歴史					
日本の政治					
世界の地理					
世界の経済・産業					
世界の文化・歴史					
くらしの変化		Ⅲ1			
くらしの安全					
くらしと水					
環境問題・ごみ				Ⅲ1	
国語 文章読解型	Ⅱ1(1)	Ⅱ2(1)	Ⅱ1	Ⅱ1(1)	
複合資料型	Ⅱ2				Ⅱ1
テーマ型				Ⅱ1(2)	Ⅱ2
韻文					
国語知識					
意見文を書く	Ⅱ1(2)(3)	Ⅱ2(1)(2)	Ⅱ2		
その他 保健・体育					
家庭・図工					
音楽					

MEMO

大切なことはメモしておこうネ！

2024年度

★★★★★★★★★★★★★★★★★★★★★★

入 試 問 題

2024年度

2024年度

市立札幌開成中等教育学校入試問題

【適性検査Ⅰ】（45分）　＜満点：100点＞

1　やまさん，そらさん，だいちさんの３人は児童会書記局の一員として，今年度の開成っ子フェスティバル（※）の企画・運営を担当することになりました。３人は開成っ子フェスティバルに向けて児童会室で相談をしています。次の会話文を読んで，(1)から(5)の問いに答えましょう。

や　ま：今年はステージ発表を希望するチームが昨年より増えて10チームあったよ。参加するチームが増えた分，今年は発表順を考えるのに苦労しそうだ。

そ　ら：発表順は，ステージ発表をスムーズに行うための【ステージ発表進行に関わるルール】と【チームごとの条件や要望】を考えて決めないといけないね。

だいち：10チームとなるとけっこう複雑だね。10チームの発表順をいきなり考えるのは難しいから，まずは昨年発表した５チームの情報をもとに，順番決めの練習をしてみようよ。

※　開成っ子フェスティバル…３人が通う小学校で行われるイベント。体育館のステージで，希望する児童が発表を行う。

【ステージ発表進行に関わるルール】

1．発表時間は○分という，1分単位の時間とする。
2．発表時間はどのチームも同じとし，発表と発表の間には準備時間として5分もうける。
3．複数のチームに参加する児童は連続発表とならないよう，発表と発表の間には他の2チーム以上の発表を入れる。
4．器楽合奏のチームは，楽器を準備する関係上，発表を連続で行う。
5．低学年（1・2年生）がいるチームは，11時30分前に発表を終えるようにする。
6．発表順番は，各チームの条件や要望をかなえるように決める。

昨年の【チームごとの条件や要望】を表にまとめたもの

チーム名	メンバー構成	内容	条件や要望
A	5年生―5人	器楽合奏	
B	3年生―6人	ダンス	「E」にも出演する児童がいる
C	1年生―1人 4年生―1人	歌	
D	6年生―8人	大縄とび	
E	2年生―3人 3年生―3人	器楽合奏	「B」にも出演する児童がいる

昨年の発表順のメモ　昨年の発表時間：11時から12時の1時間

発表順	発表が始まる時間	発表チーム
1	11：00〜	
2		
3		
4		
5		

や　ま：【ステージ発表進行に関わるルール】と発表チーム数，昨年の発表に与えられている時間の11時から12時をもとに考えると1チームあたりの発表時間は最大で　ア　分になるね。

そ　ら：　ア　分なら，5番目に発表するチームがちょうど12時に発表を終えるからばっちりだ。1チームあたりの発表時間が分かったから，昨年の発表順のメモを使って整理できそうだね。

だいち：表を使って情報を整理してみると…。あっ，①全てのチームの条件や要望がかなう並び方が一つに決まったよ！

や　ま：だいちさんありがとう。条件を整理して考えることで，どのような発表順にすればよいのかが分かるね。それでは並べる練習はこれくらいにして，今年の発表順を整理しようか。

だいち：今年のチームごとの条件や要望を整理して表（次のページ）にするね。

そ　ら：今年のステージ発表に使える時間は，10時から12時の2時間だから，発表と発表の間の準備時間を5分とり，1チームの発表に使える時間を最大限とると　イ　分になる。　イ　分なら，　ウ　時　エ　分に全ての発表を終えられるわ。

や　ま：整理してくれてありがとう。これなら，チームごとの条件や要望をふまえて順を決めることができそうだよ。表をもとに考えてみると，この順番でどうかな？

そ　ら：②他の順番も考えられるけど，その発表順なら全てのチームの条件や要望をかなえることができるね。

だいち：やったー！整理するのは大変だったけど，みんなの力で何とか決めることができてよかった。これにて一件落着！

(1)　ア　に当てはまる数字を書きましょう。

(2)　下線部①の発表順を，チーム名「A」から「E」を使って書きましょう。

(3)　イ　に当てはまる数字を書きましょう。

(4)　ウ　と　エ　に当てはまる数字を書きましょう。

(5)　下線部②で考えられる発表順を一つ，チーム名「A」から「J」を使って書きましょう。

今年の【チームごとの条件や要望】を表にまとめたもの

チーム名	メンバー構成	内容	条件や要望
A	5年生―4人	ダンス	「CとF」にも出演する児童がいる
B	3年生―2人 4年生―2人	マジック (手品)	準備・片付けに時間がかかるため、最後の発表を希望
C	5年生―4人 2年生―2人	ダンス	「AとFとH」にも出演する児童がいる
D	6年生―8人	ダブルダッチ (縄とび)	児童会の仕事があるため、発表を11時までに終えたい
E	6年生―5人	とび箱	児童会の仕事があるため、発表を10時15分までに終えたい
F	2年生―2人 5年生―1人	ダンス	「AとC」にも出演する児童がいる
G	2年生―2人 4年生―2人	器楽合奏	1番目の発表はさけたい
H	5年生―9人	器楽合奏	「C」にも出演する児童がいる 8番から10番のどこかを希望
I	6年生―8人	コント (お笑い)	1番から3番のどこかを希望
J	1年生―15人	歌	器楽合奏の直前か直後の順番を希望

今年の発表順メモ　今年の発表時間：10時から12時の2時間

発表順	発表が始まる時間	発表チーム
1	10：00～	
2		
3		
4		
5		
6		
7		
8		
9		
1 0		

2　あすかさんとますみさんとみらいさんは学校で学習したプログラミングを使って，「島わたりミッションゲーム」を一緒に考えています。次の会話文を読んで，(1)から(5)の問いに答えましょう。

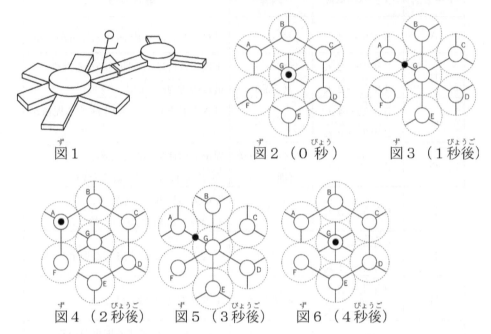

図1　　　　　図2（0秒）　　　図3（1秒後）

図4（2秒後）　図5（3秒後）　図6（4秒後）

【ミッション】

・Gをスタートして，AからEまでの全ての島を周って，できるだけ早くFの島にゴールせよ。

【ルール】

・図1のように一つ一つの島には橋がついている。
・図2のように中心の島Gとその周りにAからFまでの島がある。
・AからFまでの島の橋は，それぞれが60度ずつ時計回りに回転している。
・1秒後に自分のいる島の橋ととなりの島の橋がつながるとき，島から1秒かけて橋を移動し，つながった瞬間にとなりの島の橋の先に移動できる。橋の先で待つことはできないため，さらに1秒かけてその島に移動しないといけない。
・1秒後に自分のいる島の橋ととなりの島の橋がつながらないときは，島で待たないといけない。

あすか：たくさんの島を移動するミッションゲームを考えたよ。
ますみ：Gには6個の橋が，AからEには3個の橋が，Fには1個の橋があるってことだね。
あすか：そう。最初の状態として図2を0秒，そして図3から図6は1秒後ごとの様子を表している図だよ。
みらい：AからFの島の橋は，それぞれ60度ずつ時計回りに回転しているから，これだと橋が一回転するのに　ア　秒かかるね。

ますみ：黒い点（●）が移動しているよ。これは何？

あすか：これは人だよ。

みらい：じゃあ，この人は図３ではGからAの橋の先に移動したところだね。

ますみ：図４は２秒後にAの島まで移動して，図５は３秒後にAからGに戻るためにGの橋の先に移動したところ，図６は４秒後にGの島に戻って来たところだね。

あすか：続けて，GからBに行って，またGに戻って来ると，最初の状態（図２）から イ 秒後になるよ。このようにして，Gから出発して一つの島へ行き，またGに戻って来るを繰り返して

GAGBGCGDGEGF（※）と移動していくとゴールであるFの島に着くのは ウ 秒後だね。

みらい：でも，毎回Gに戻ってこなくても，となりの島に橋を使ってGABCDEFの順番でいけば， エ 秒でFの島に着けそうだね。

ますみ：その時は橋がつながるまで島で待っている時間もありそうだね。

みらい：わたしは，<u>エ 秒かからずに全ての島を周るルート</u>をいくつか見つけたよ。

※人が，G→A→G→B→G→C→G→D→G→E→G→Fの順番に移動したことを表すものとする。

(1) ア に入る数字を書きましょう。

(2) イ に入る数字を書きましょう。

(3) ウ に入る数字を書きましょう。

(4) エ に入る数字を書きましょう。

(5) 下線部のルートはどの島を通りますか。見付けたルートのうち，２つのルートについて，GからFまでのアルファベットを全て書きましょう。

（解答らんには，スタートのGとゴールのFは書かれています。）

【適性検査Ⅱ】（45分）　　＜満点：100点＞

1　読書の日が10月27日であることから，まほさんの小学校では，読書月間が10月に設定されています。まほさんの所属する図書委員会では「読書の楽しさを知ってもらう」を今年度の目標としています。この目標を達成するために，10月の読書月間に二つの活動を行いました。

　次のまほさんとこうたさんとあきさんの会話文を読んで，(1)と(2)の問いに答えましょう。

ま　ほ：図書委員会で読書月間に行った二つの活動を振り返ってみよう。

こうた：一つ目の活動は「学校図書館に来てくれた人に，人気キャラクターのステッカーをプレゼントする。」という**プレゼント企画**だね。ただし，一人が何回もプレゼントをもらえたら不公平だから，一人につき１枚までしかもらえないことにしたよ。

あ　き：二つ目の活動は，「人気のあるジャンルの本を紹介するポスターを作って学校中に掲示する。」という**本紹介ポスター作成**を行ったよ。一番人気のある文学ジャンルのうち，今話題の人気小説を紹介するポスターを何種類か作ったよ。その小説の面白いポイントを紹介することに一番力を入れたんだ。

ま　ほ：うん。「読書の楽しさを知ってもらう」ために，一人一人が読書をしたいと思える活動にしたんだよね。じゃあ，全児童のアンケート結果を見てみよう。

こうた：そうだね。じゃあ，データを紹介するね。表１は，この学校の全児童420人に対して，9月から11月までの学校図書館に来た人数と，読まれた学校図書館の本の冊数の合計を月ごとに集計したものだよ。この冊数の合計の中には，同じ本も含まれているよ。

表　1

アンケート調査結果		
	図書館に来た人数	読まれた図書館の本の冊数の合計
9月（活動実施前）	290人	980冊
10月（読書月間）	400人	1280冊
11月（活動実施後）	300人	1240冊

あ　き：でも，表１のデータだけだと目標を達成できたのか判断できないよ。

こうた：そう言われると思って，別のデータもまとめてみたよ。表２は１か月に読まれた学校図書館の本の冊数ごとの全児童の内訳だよ。表３は１か月ごとのジャンル別の読まれた学校図書館の本の冊数の合計のうち，上位二つと下位二つを抜き出してみたよ。

ま　ほ：表１に加えて，表２と表３があれば，今年度行ったプレゼント企画と本紹介ポスター作成の活動によって，目標を達成できたかどうか判断できそうだね。みんなで考えてみよう。

あ　き：そうだね。そうしよう。

（表２，表３は次のページ）

表2

	0冊	1～2冊	3～6冊	7～10冊
	1か月に読まれた図書館の本の冊数別の人数			
9月	130人	170人	80人	40人
10月	100人	110人	150人	60人
11月	120人	90人	150人	60人

表3

	文学	芸術	技術	産業
	読まれた図書館の本のジャンル別冊数（上位・下位各二つ）			
9月	520冊	260冊	40冊	10冊
10月	800冊	270冊	40冊	10冊
11月	790冊	260冊	40冊	10冊

問い

(1) 下線部について，図書委員会の行った二つの活動（プレゼント企画・本紹介ポスター作成）それぞれについて，目標を達成できたかどうか，次の＜採点の基準＞をふまえて，まとめましょう。

＜採点の基準＞※項目ごとに次の表に示された得点が与えられます。

	10点	5点	0点
活動のまとめ	表1～3のそれぞれの結果を二つ以上組み合わせて、根拠となる人数や冊数を具体的に示しながらまとめている。	表1～3のそれぞれの結果の一つから、根拠となる人数や冊数を具体的に示しながらまとめている。	表1～3のそれぞれの結果から、根拠となる人数や冊数を具体的に示していない。

(2) あなたは，表1～3から読み取れる課題をもとに，次年度の図書委員会の目標と読書月間の活動内容を提案することになりました。まほさんたちのように，一人一人が読書をしたいと思える活動の提案を，次の＜採点の基準＞をふまえ，150字以上200字以内で書きましょう。

　書き出しは，次の例を参考にしましょう。（この例と全く同じ書き出しでなくてもかまいません。）

今年度の課題は ☐ だったため，次年度の目標を ┌┈┈┈┐ とし，┌┈┈┈┐ を次年度の活動内容として提案します。

<採点の基準>※項目ごとに次の表に示された得点が与えられます。

字　数	10点	0点
	条件どおりである。	条件どおりでない。

	10点	5点	0点
今年度の課題とそれを解決するための目標	表1〜3から読み取れる今年度の課題が書かれ、それに対応した次年度の目標が書かれている。	表1〜3から読み取れる今年度の課題は書かれているが、それに対応した次年度の目標が書かれていない。	表1〜3から読み取れる今年度の課題が書かれていない。
目標達成のための活動理由	具体的な活動内容が、なぜ目標達成につながるかをふまえた理由とともに書かれている。	具体的な活動内容は書かれているが、なぜ目標達成につながるかをふまえた理由は書かれていない。	具体的な活動内容が書かれていない。

※次のページの原稿用紙は下書き用なので，使っても使わなくてもかまいません。解答は，解答用紙に書きましょう。

※◆の印から，横書きで書きましょう。途中で行を変えないで，続けて書きましょう。

※「。」や「，」も1字として数えるので，行の最後で右にますがないときは，ますの外に書いたり，ますの中に文字と一緒に書いたりせず，次の行の初めのますに書きましょう。

（下書き用）

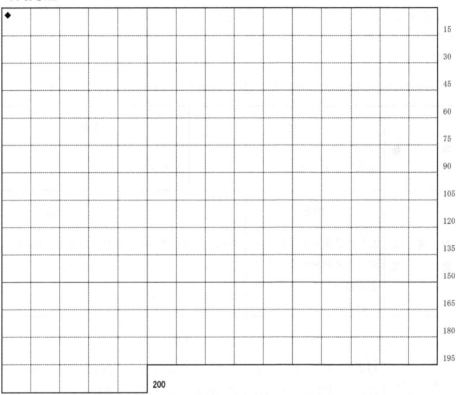

◆

	15
	30
	45
	60
	75
	90
	105
	120
	135
	150
	165
	180
	195

200

2　あなたは，開成市に一泊二日の修学旅行に行き，大変充実した時間を過ごしました。

以下の３人は，この修学旅行中に関わった人たちで，名前とともに，それぞれの役割や，行動を箇条書きにして示しています。以下の内容を読んで，問いに答えましょう。

【バスガイドの白井さん】
・明るく大きな声で，見学場所のガイドをしていた。
・自分の小学生時代の失敗談を面白く話していた。
・流行りの曲をカラオケで熱唱していた。
・集合写真の撮影のときには，カメラの後ろから，ひょうきんなポーズをしていた。

【訪問した博物館の黒田さん】
・誰もが引きこまれる，分かりやすいプレゼンテーションをしていた。
・どんな質問にも，すべて的確に答えていた。
・興味のある子には，個別に専門的な内容まで説明をしていた。
・修学旅行後のまとめで使える本を紹介していた。

【宿泊先のホテルの赤川さん】
・部屋の清掃をしっかり行い，今回の滞在を歓迎するメッセージを書いたカードを置いていた。
・水筒をなくして困っている子と一緒に，ホテルの中だけではなく外までも探して，見付けていた。
・顔色が悪い子に気が付き，優しく声をかけていた。
・雨の中にも関わらず，笑顔でバスの出発を見送っていた。

問い

　修学旅行中に関わった３人の中から一人を選び，次の＜採点の基準＞をふまえ，300字以上350字以内でお礼の手紙を書きましょう。なお，解答用紙にある名前は，手紙を書く相手を丸で囲んでください。

＜採点の基準＞※項目ごとに次の表に示された得点が与えられます。

字　　　数	10点		0点	
	条件どおりである。		条件どおりでない。	

お　礼　の言　　　葉	10点	5点	0点	
	お礼の言葉とともに、そのときの自分が感じたことや思ったことも書かれている。	お礼の言葉が書かれている。	お礼の言葉が書かれていない。	

行動に込められた思いの　想　像	10点	5点	0点	
	相手の行動について、どのような思いが込められているかを想像した内容が書かれている。※全ての行動について取り上げる必要はない。	相手の行動について書かれている。※全ての行動について取り上げる必要はない。	相手の行動について書かれていない。	

これからの生　活	20点	10点	5点	0点
	相手の思いと関連させ、現在の自分の課題にもふれながら、これからの生活にどう生かしていくか書かれている。	相手の思いと関連させ、これからの生活にどう生かしていくか書かれている。	自分のこれからの生活にどう生かしていくか書かれている。	自分のこれからの生活にどう生かしていくか書かれていない。

※次のページの原稿用紙は下書き用なので，使っても使わなくてもかまいません。解答は，解答用紙に書きましょう。

※◆の印から，横書きで書きましょう。途中で行を変えないで，続けて書きましょう。

※「。」や「，」も１字として数えるので，行の最後で右にますがないときは，ますの外に書いたり，ますの中に文字と一緒に書いたりせず，次の行の初めのますに書きましょう。

（下書き用）

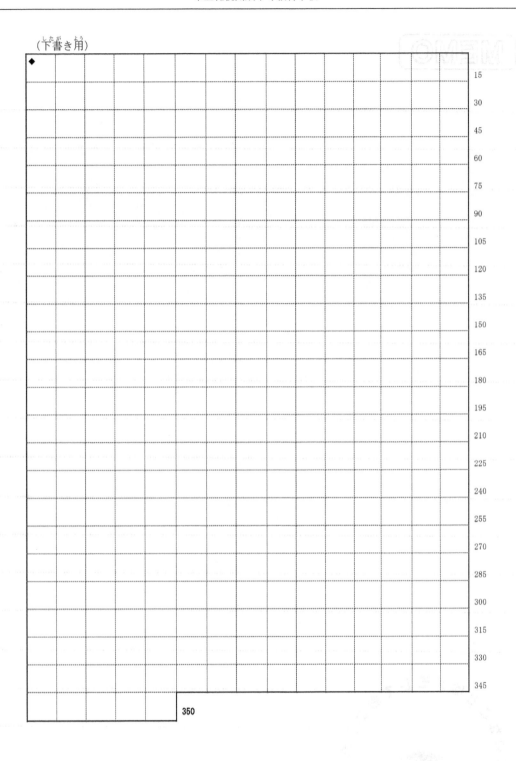

15
30
45
60
75
90
105
120
135
150
165
180
195
210
225
240
255
270
285
300
315
330
345

350

大切なことはメモしておこうネ！

2024 年 度

解 答 と 解 説

《2024年度の配点は解答欄に掲載してあります。》

＜適性検査Ⅰ問題解答例＞

1 (1) ア：8
   (2)

1番	2番	3番	4番	5番
C	E	A	D	B

   (3) イ：7
   (4) ウ：11　　エ：55
   (5)

1番	2番	3番	4番	5番	6番	7番	8番	9番	10番
E	C	I	D	F	J	G	H	A	B

   （CとFは順不同）

2 (1) ア：6
   (2) イ：8
   (3) ウ：22
   (4) エ：17
   (5) （G）ＡＢＣＤＥＧ（F）
       （G）ＥＤＣＢＡ（F）
       （G）ＥＤＣＢＡＧ（F）
       （G）ＥＧＤＣＢＡ（F）　　の中から２つ

○配点○

1 (1) 10点
   (2) 10点（完全解答）
   (3) 10点
   (4) 10点（完全解答）
   (5) 10点（完全解答・CとFは順不同）

2 (1) 5点
   (2) 5点
   (3) 10点
   (4) 10点
   (5) 20点（４つのルートのうち，２つを解答。１つにつき，10点）

   計100点

＜適性検査Ⅰ問題解説＞

1 （算数：組み合わせ，論理的思考）

基本

(1) 昨年の発表時間は１時間であり，発表と発表の間には５分の準備時間が必要である。発表は全部で５チームあり，発表と発表の間は４回である。各チームの発表に使える時間は合計で，

$$60-5×4=40（分）$$

１チームあたりの発表時間は最大で，

$$40÷5=8（分）$$

(2) 【チームごとの条件や要望】と【ステージ発表進行に関わるルール】から，低学年（１・２年生）がいるＣとＥは早い時間に入れる必要がある。また，器楽合奏をするＡとＥは発表を連続で行う必要がある。この２つの条件から，１番をＣ，２番をＥ，３番をＡとあてはめて考える。すると，ＢにはＥにも出演する児童がおり，複数のチームに参加する児童の発表と発表の間は２チーム以上の発表を入れる必要があることから，Ｂは５番になると考えられる。残りのＤは４番になり，この並び方はすべての条件を満たしている。

(3) 今年の発表時間は２時間であり，発表と発表の間には５分の準備時間が必要なので，各チームの発表に使える時間は合計で，

$$120-5×9=75（分）$$

１チームあたりの発表時間は最大で，

$$75÷10=7あまり5$$

より７分だと分かる。

(4) (3)の計算から，発表と発表の間の準備にかかる時間は合計で45分，各チームが７分の発表をするので，全体の発表にかかる時間は，

$$45+7×10=115（分）$$

発表は10時に始めるので，発表が終わる時間は11時55分である。

重要

(5) (3)，(4)をもとに，表の発表時間をすべて書き込んでから考えるとよい。【チームごとの条件や要望】と【ステージ発表進行に関わるルール】から，発表順が限られるチームから決めていく。

Ｂは最後の発表を希望しているので，発表順は10番になる。

Ｅは発表を10時15分までに終わらせたいとある。１番目の発表は10時から10時７分までである。５分の準備時間をはさんで，２番目の発表は10時12分から10時19分までなので，Ｅの発表順は１番になる。

器楽合奏をするＧとＨについて考えると，Ｈは８番から10番を希望していて，Ｇのメンバーには２年生がふくまれているので，11時30分までに発表を終わらせる必要がある。８番目の発表が始まる時間は，１番目の発表が始まる時間から考えて，

$$(7+5)×7=84（分後）$$

なので，11時24分である。８番目の発表が終わる時間は11時31分なので，【ステージ発表進行に関わるルール】から，Ｇは８番以降になれない。よって，Ｈは８番で，Ｇは７番だと分かる。

器楽合奏をするチームの発表順が決まったので，Ｊを考える。メンバーは１年生なので，【ステージ発表進行に関わるルール】より，発表順は器楽合奏の直前である６番だと分かる。

また，９番目に発表するチームは【ステージ発表進行に関わるルール】より，メンバーに低学年がふくまれていないチームになる。まだ順番を決めていないチームの中で，低学年がふくまれていないチームは，Ａ，Ｄ，Ｉの３チームだが，Ｄは発表を11時までに終わらせる必要があり，Ｉは１番から３番のどこかを希望しているので，Ａが９番だと分かる。

　　Cには「AとFとH」に，Fには「AとC」にも出演する児童がいる。今空いている発表順は2番から5番で，【ステージ発表進行に関わるルール】より，CとFの発表の間には2チーム以上を入れる必要があるので，CとFは2番と5番であると分かる。A（9番），H（8番）との間にはどちらでも2チーム以上入るため，どちらが2番でどちらが5番なのかを決める条件はないので，どちらが2番（5番）でもよい。

　　最後に，1番から3番を希望しているIが3番，残ったDが4番であると決まる。4番の発表が始まる時間は，（7+5）×3=36（分）なので，11時までに終わるため，Dの希望にも合う。

2　（算数：平面図形，規則性）

(1)　1秒に60度ずつ動いているので，一回転するのにかかる時間は，
　　360÷60=6（秒）

(2)　GからBに行って戻って来る時間は，GからAに行って戻って来る時間と同じなので，
　　4+4=8（秒後）

(3)　Fの島には橋が1つしかかかっていないことに注意する。図5より，Fの橋がGにつながるのは，3秒後のことであり，一回転するのに6秒かかるので，GからFに移動できる秒数は，6でわると3あまる数になるときだけである。
　　GAGBGCGDGEGまでにかかる時間は，
　　　4×5=20（秒）
であり，その1秒後の21秒は6でわると3あまる数なので，すぐFに移動でき，Fまで移動するのにかかる時間は2秒なので，合計で，
　　　20+2=22（秒後）

重要　(4)　GABまでにかかる時間は，Aの島で待っている時間も考えて，次の図のように5秒である。GABCDEまでにかかる時間は11秒である。
　　ここで，図6より，EとFの島が橋でつながっている秒数は，6でわると4あまる数になるときだけなので，11秒より後にEからFに渡ることのできる一番早い時間は16秒後のときである。したがって，GABCDEFは17秒かかる。

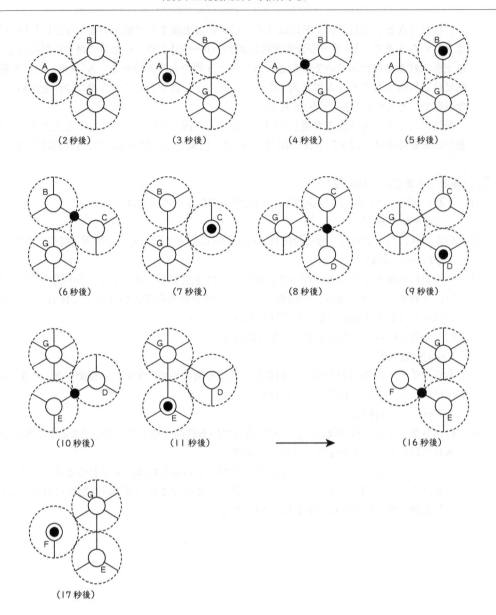

(2秒後) (3秒後) (4秒後) (5秒後)

(6秒後) (7秒後) (8秒後) (9秒後)

(10秒後) (11秒後) ⟶ (16秒後)

(17秒後)

(5) Eの他にFにわたれる島は，AかGのどちらかである。図4よりFの橋がAの橋とつながるのは，6でわって2あまる秒数のとき。図5よりGの橋とつながるのは6でわって3あまる秒数のとき。図6よりEの橋とつながるのは6でわって4あまる秒数のときである。

(4)では，GABCDEまでで11秒であった。この後Gに移動すると，14秒後にGに移動できる。すると，次にFとGの橋がつながるのは15秒後だから，16秒後にFまでたどり着けると分かる。したがって，GABCDEGFである。

また，GABCDEにかかる時間と，GEDCBAにかかる時間は同じである。すると，11秒後にAにいることができる。次にFとAの橋がつながるのは14秒後だから，15秒後にFまでたどり着けると分かる。したがって，GEDCBAFである。

この他にも，GEDCBAGFは16秒後，GEGDCBAFは15秒後にFまでたどり着けるため，これでも正解である。

★ワンポイントアドバイス★

論理的な思考能力が試される問題が多い。大問の最初でミスをしてしまうとその後もミスが続いてしまうので，最初の問題をミスのないように気を付けて解こう。図形の問題は条件を整理したら，あとは手を動かして考えよう。

＜適性検査Ⅱ問題解答例＞

①　(1)　**プレゼント企画**：表1を見ると，10月の来館者数は400人だけど，表2の1か月に読まれた本の冊数が0冊の人は100人いるため，80人は図書館に来たけれど本を読んでいないことから，プレゼントをもらいに来ただけの人が多いと考えられるため，この企画はあまりうまくいかなかったと思う。

　　　　本紹介ポスター作成：表1を見ると，読まれた本の合計冊数は9月から10月にかけて，300冊程度増加した。また，表3より，10月以降，本紹介ポスターで紹介した文学ジャンルの本が300冊程度多く読まれていることから，本紹介ポスター作成はうまくいったと思う。

　　(2)　今年度の課題は，文学ジャンル以外の本があまり読まれなかったため，次年度は，人気ジャンル以外の本の楽しさも知ってもらうことを目標として提案します。この目標を達成するために，人気のないジャンルの本の面白いところをアピールするポップや帯紙の作成が効果的だと思います。理由は，人気のないジャンルの本も，魅力が伝われば手に取って読んでみることにつながり，楽しさを知るきっかけになると思うからです。

②　修学旅行で訪問した際には，私たちのために分かりやすいプレゼンテーションをしてくれたり，質問に的確に答えてくれたりして，ありがとうございました。黒田さんの説明を聞き，知らないことをたくさん知ることができて，私はとても嬉しくなりました。きっと，黒田さんは，私たちに，もっと博物館に興味をもって，これからも学んでいってほしいという思いがあったのではないかと思います。私は，英語や国語の学習は好きですが，他の教科にはそこまで興味はありませんでした。ですが，今回の博物館の見学で，黒田さんの話を聞き，知ることの面白さや興味を広げることの大切さに気付くことができたので，これからは様々な分野のことにもっと興味をもって学んでいこうと思います。

○配点○
①　(1)プレゼント企画・本紹介ポスター作成　各10点×2　(2)　30点
②　50点　　　　計100点

＜適性検査Ⅱ問題解説＞

①　（国語：資料の読み取り，条件作文）

やや難

　　(1)　まほさんとこうたさんとあきさんは，10月の読書月間に行った二つの活動によって，目標を達成できたかどうかを考えている。「読書の楽しさを知ってもらう」という目標を達成するため

には，図書館に来た人数だけではなく，1か月に読まれた本の冊数別の人数が増えていなければいけない。

　プレゼント企画（きかく）では，表1から10月の来館者数を，表2から10月に1冊（さつ）も本を読まなかった人の人数をそれぞれ読み取る。表1の直前のこうたさんの発言より，この小学校の全児童数は420人だと分かり，また，表1より10月に図書館に来た人数は400人だと分かるから，420－400＝20より，10月に図書館に行かなかった人は20人であることが分かる。よって，10月に本を1冊も読まなかった人のうち，図書館に来たけれど本を読まなかった人は，100－20＝80より，80人となる。この結果から，プレゼント目当てで図書館に行き，本を読まなかった人が多いと分かるため，それを具体的な人数と冊数をもとに解答する。

　本紹介（しょうかい）ポスターでは，3人の会話文でのあきさんの一番目の発言から，文学ジャンルの人気小説を紹介していたと分かる。したがって，文学ジャンルの読まれた冊数が増えていればよい。表1から9月から10月にかけて読まれた本の冊数の合計が増えたこと，表3から読まれた本の冊数は文学ジャンルのみが大きく増えていることをそれぞれ読み取り，具体的な冊数を入れて解答する。＜採点の基準＞に合うように，表1～3の結果を組み合わせて，根拠（こんきょ）をまとめる。

(2)　(1)の本紹介ポスター作成によって，文学ジャンルは読まれた冊数が増えているが，他のジャンルは増えていないことが表3から読み取れる。解答例では，このことを今年度の課題として提案している。人気のないジャンルの本の楽しさを知ってもらうための，具体的な活動内容について，その活動によってなぜ目標が達成できると思うのかをふまえた理由とともに書く。今年度は文学ジャンルの人気小説をポスターで紹介し，目標が達成できたことから，人気のないジャンルの本も知ってもらえる機会を増やす活動をすれば，目標達成に効果があると考えられる。解答例の他にも，表1から，読書月間が終わった11月には来館者数が9月の来館者数とほぼ同じ人数に戻（もど）っていることを読み取り，ふだん本を読まない人が，読書月間が終わった後も本を読みたいと思える活動を提案してもよい。また，表2だけでは図書館に来たか来なかったかは分からないが，本を読まない人が毎月100人以上いることが分かる。本をまったく読まない人に，読書の面白さを知ってもらえる活動を提案することも考えられる。

　提案の内容が今年度の課題を解決するための活動になっているかを確認し，＜採点の基準＞に合うようにまとめる。字数や原稿（げんこう）用紙の書き方にも注意する。

重要 [2]　(国語：条件作文)

　修学旅行中に関わった3人の中から一人を選び，＜採点の基準＞をふまえてお礼の手紙を書く。まず，お礼の言葉と自分が感じたことについて，次に，相手の印象的だった行動には，どのような思いがこめられていたかを想像して書く。最後に，これからの生活について，相手の思いと現在の自分の課題にふれながら順にまとめる。

　解答例では，黒田さんが分かりやすいプレゼンテーションをしてくれたことや，どんな質問にも的確に答えていたことから，黒田さんが自分たちに博物館のすばらしさを伝えようとしていたと想像し，これからは自分も得意な科目だけでなく，様々な分野に興味を広げていきたいとまとめている。

　白井さんについて書く場合は，明るく大きな声でガイドを盛（も）り上げてくれたのがとても面白かった，などの表現で感謝を伝え，次に，白井さんが盛り上げてくれたのは，自分たちの修学旅行を楽しく，思い出に残るものにしたかったからだと想像できる。そして，自分は失敗をはずかしがってなかなか行動に移すことができないが，これからは自分も白井さんのように相手を楽しませられる人になりたい，などとまとめるとよい。

　赤川さんについて書く場合は，清掃（せいそう）やお手伝い，見送りのおかげでとう着から出発までよい気分で過ごせたことに感謝を伝え，次に赤川さんがすてきなおもてなしをしてくれたのは，旅行先をすてきな場所だと思ってほしかったからだと想像できる。そして，自分は街中で困（こま）っている人を見て見ぬふりをしてしまうことがあったが，これからは慣れない土地に来た旅行客などを助け，自分たちの地域はよい場所だと思ってもらえるように行動したいなどとまとめるとよい。

　なお，＜採点の基準＞が細かく指定されているため，その順番に沿（そ）って話の流れをつくると書きやすい。字数や原稿用紙の書き方にも注意する。

★ワンポイントアドバイス★

　複数の資料から必要な情報を読み取り，条件に合わせて文章を書く力が問われている。条件に合わせるだけでなく，根拠や理由をふまえて自分の意見をまとめられるように，日ごろから練習しておこう。

大切なことはメモしておこうネ！

2023年度
★★★★★★★★★★★★★★★★★★★★★★

入 試 問 題

2023年度

市立札幌開成中等教育学校入試問題

【適性検査Ⅰ】 （45分） ＜満点：100点＞

1 きたさんは，夏休みの自由研究でカードゲームを作りました。完成したカードゲームを友人の，にしさん，ひがしさん，みなみさんをさそって４人でやってみることになりました。４人の会話文やルールブックを読んで，⑴から⑸の問いに答えましょう。

き　た：私が作ったゲームは，12枚のカードをうまく組み合わせていくゲームだよ。ルールが複雑だから，ルールブックを作ったのでそれをまず読んでから始めよう。

【ルールブック】
・このゲームは，季節を表す「春」「夏」「秋」「冬」の４枚のカードと，果物を表す「いちご」「すいか」「かき」「みかん」の４枚のカードと，イベントを表す「花見」「七夕」「月見」「正月」の４枚のカードの合計12枚のカードを使います。
・カードの組み合わせによって得点が決まっており，４人で協力してより高い合計得点を目指します。
・全員がカードを表にしておたがいの手持ちのカードを自由に見ることができますが，おたがいに会話をして相談することはできません。

[ゲームのすすめ方]
①４人が円形に座ります。
②12枚のカードをバラバラにまぜてから一人３枚ずつ４人に配ります。
③全員，合図とともに手持ちのカードのうち１枚を右となりの人に渡します。
④さらに，おたがいの手持ちのカードを確認して，合図とともに１枚を右となりの人に渡します。
⑤このときの４人それぞれのカードの組み合わせによって，その回の合計得点が決まります。

[組み合わせと得点]
・春セット（３枚が「春・いちご・花見」）…７点
・夏セット（３枚が「夏・すいか・七夕」）…７点
・秋セット（３枚が「秋・かき・月見」）…７点
・冬セット（３枚が「冬・みかん・正月」）…７点
・季節セット（３枚とも季節　例「春・秋・冬」など）…５点
・果物セット（３枚とも果物　例「いちご・すいか・かき」など）…５点
・イベントセット（３枚ともイベント　例「花見・七夕・正月」など）…５点
・３種類セット（上の７点になるセットにはなっていないが，季節，果物，イベントのカードが１枚ずつ入っている　例「秋・かき・花見」など）…３点
・上の組み合わせ以外…０点

みなみ：うわー，なんだかむずかしそうなゲームだね。ルールを理解するのも大変そうだな。

ひがし：大事なのは，他の人よりも高い得点を目指すのではなくて，みんなで協力してより高い合計得点を目指すってことだよね。

に　し：そうか，だから最初に配られたカードをおたがいが見て，より高い合計得点を目指せるように考えてカードを渡さなければならないんだね。

き　た：だけど，会話をして相談することはできないから，他の人が目指すセットも考えて，カードを渡さないと高い合計得点はねらえないようになっているんだよ。

ひがし：配られた最初のカードと，みんなが相手のことも考えてカードを渡すことができると最高で ア 点になるんだね。

に　し：なるほど。そうなると２番目に高い得点は イ 点になるね。

き　た：そうだね。カードの組み合わせ次第で他の組み合わせを作ることができなくなる時もあるから気を付けなければならないよ。

みなみ：そうすると，みんなが５点ずつで合計20点になることはないってことかな。

ひがし：そういうことになるね。①だけど，４人とも５点ではなくても合計20点になる方法はあるよね。

に　し：そうだね。例えば，２回渡した後のカードの組み合わせが４人のうち二人が ウ セットと エ セットで，残りの二人とも オ セットになっていれば合計20点になるね。

みなみ：ああ，そうか。うーんむずかしいなー。

ひがし：むずかしいけど，カードの受け渡しは２回しかないから，最初に配られたカードのうち自分の右となりの人が持っているカードは，自分には絶対に回ってこないよ。そのことを参考にすると，自分のねらえる組み合わせも決まってくるよね。

き　た：とりあえず，みんなで一度やってみようよ。

　　　　じゃあ，カードを配るよ。

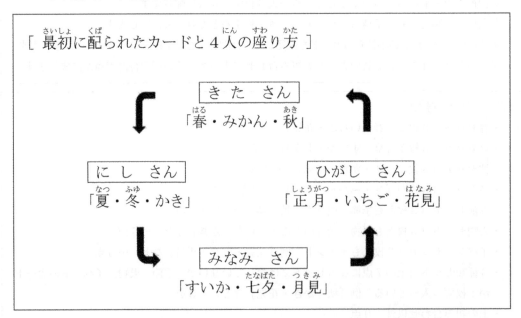

[最初に配られたカードと４人の座り方]

きた さん
「春・みかん・秋」

にし さん
「夏・冬・かき」

ひがし さん
「正月・いちご・花見」

みなみ さん
「すいか・七夕・月見」

⑴　 ア 　に当てはまる数字を書きましょう。

⑵　 イ 　に当てはまる数字を書きましょう。

⑶　下線部①の方法を具体的に説明する文になるように，にしさんの会話文中の ウ と エ と オ に当てはまる言葉を書きましょう。

⑷　[最初に配られたカードと４人の座り方]から，みなみさんがねらって作ることのできる組み合わせを，下の８つの中からすべて選び，解答らんの表に〇をつけましょう。
・春セット　　　・季節セット　　　・夏セット　　　・果物セット
・秋セット　　　・イベントセット　　・冬セット　　　・３種類セット

⑸　４人がみんなのことを考えてカードを渡すことができたとしたら，今回は最高で合計何点を取ることができますか。４人それぞれの得点と合計得点を書きましょう。

2　あいこさんとゆうきさんとひなのさんは，クラス会で行う暗号ゲームの題材を探しに図書館に行きました。そこで「Kコード」と呼ばれる暗号の本を見つけ，暗号について勉強することにしました。次の会話文や説明文をもとに，⑴から⑸の問いに答えましょう。

このメモらんは考えるために使ってかまいません。

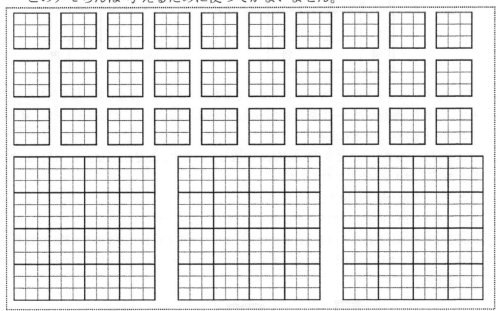

ゆうきさん：本にはKコードの例，Kコードの仕組み（次のページ），機械による読み取り方のページ（５ページ）があるよ。読んでみよう。

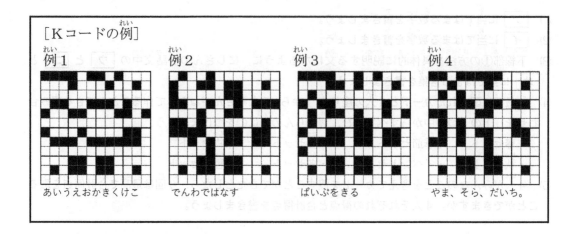

［Kコードの例］

例1　あいうえおかきくけこ

例2　でんわではなす

例3　ぱいぷをきる

例4　やま、そら、だいち。

［ Kコードの仕組み ］

図1
Kコード
ミニコード

図2
ミニコード

1	2	3	■
4	5	6	7
8	9	10	11
■	12	13	■

1．図1のようにKコードは縦3マス，横3マスでできたミニコードを縦4個，横4個並べて作ります。また，機械がKコードを正確に読み取るために，図1で示してある3か所に■のミニコードを置くこととします。

2．ミニコード1つで1つの文字（ひらがな）を表しています。ただし，「ぱ」や「ば」などの「°」や「゛」は1文字として数えます。

3．ミニコードを読む順番は図2の通りです。

4．ミニコードは図3の逆L字型の部分と図4の四角部分の組み合わせで作られています。図3の逆L字型の部分のぬり方の組み合わせであ行からら行を表現し，図4の四角部分のぬり方の組み合わせであ段からお段を表現します。ただし，①「わ」「を」「ん」はこの法則に当てはまりません。

図3　　　図4　　　図5

5．空白を表すミニコードは図5です。

ゆうきさん：例1を使ってKコードを読む練習をしよう。

ひなのさん：例1は10文字だから，11文字目以降は空白を表すミニコードになっているね。

あいこさん：そうだね。文字の数はこれで分かりそうだね。例1の「あ」のミニコードと「か」のミニコードを比べてみると，1マスだけ黒くぬられている場所がちがうね。

ゆうきさん：説明文のとおりだね。このようにして例１から例４のＫコードを比べると②ひらがなを理解することができそうだね。

ひなのさん：「わ」「を」「ん」の文字や「。」「，」なども例１から例４のミニコードを参考にすることで解決しそうだね。

ゆうきさん：いろいろやって分かってきたね。さっそくＫコードを使って文章を表してみようかな。

　さらに，本の［機械による読み取り方］というページから「Ｋコード」は機械で読み取ることができるものだということが分かってきた。また，図書館には「Ｋコード」を読み取る機械もあった。

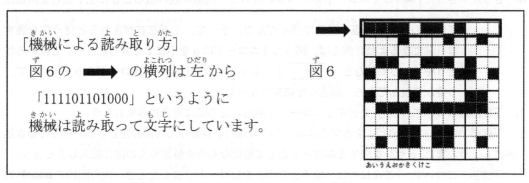

［機械による読み取り方］
図６の　➡　の横列は左から
「111101101000」というように
機械は読み取って文字にしています。

図６

あいうえおかきくけこ

ひなのさん：なるほど。機械ではＫコードのぬりつぶしてある部分を「１」，ぬりつぶしていないところを「０」として認識しているんだね。

ゆうきさん：仕組みもだいぶ分かってきたし，Ｋコードを書いてみよう。

　　　　　　まずは「こんにちは，ゆうきです」をＫコードで書くとどうなるかな。

ひなのさん：③［機械による読み取り方］の通りに「１」と「０」で表すとどうなるかも気になるね。

ゆうきさん：ところで，［ Ｋコードの仕組み ］には機械がＫコードを正しく読み取るために， のミニコードを３か所に置くという説明があったね。

あいこさん： のミニコードをひとつ多くしたＫコードにしたらどうなるか実験してみよう。（図７を見せる）

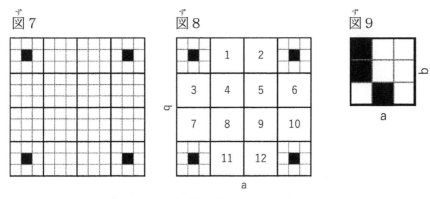

図７

図８

	1	2	
3	4	5	6
7	8	9	10
	11	12	

b

a

図９

b

a

ゆうきさん：このＫコードを図８のような順番で読み取らせるようにしたとき，「　ア　」と書いた

Kコードを読み取らせてみよう。
（ゆうきさんは ア のKコードを機械で読み取らせる）

ひなのさん：読み取り結果がでたよ。

> 読み取り結果　→　「しとてつせんちをすんりわ」

あいこさん：あれ。 ア とは読み取らなかったね。しかも10文字の言葉を書いたはずなのに12文字になってしまったよ。

ゆうきさん：きっと ■ のミニコードが1つ多いせいで，機械が読み取るときに上下左右を間違えて図8の順番とは違う順番で読んだんだ。そして，上下左右が変わると違う字を表すコードになるよね。例えば，図9のミニコードはaを下にして読むと「し」と読めるけどbを下にして読むと「 イ 」と読める。機械は図8のKコードもbを下にして，6番から読んだから，間違った結果になったんだ。

(1) 下線部①について，「を」を表すミニコードを解答らんの図に書き込みましょう。
(2) 下線部②について，「さ行」を表すミニコードの共通点を解答らんの図の逆L字型の部分に書き込みましょう。また，「せ」を表すミニコードとして適切なものを解答らんの図に記入しましょう。
(3) 下線部③について，「こんにちは，ゆうきです」をKコードで表したとき，次の図10の ➡ の横列は「1」と「0」を用いるとどのように表すことができるのか，12個の数字で答えましょう。

図10

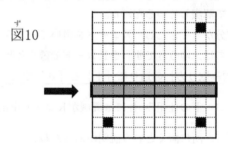

(4) イ に入るひらがな1文字を書きましょう。
(5) ア に入る文字を，10文字で書きましょう。（場所と文字が合っていて1文字1点）

【適性検査Ⅱ】（45分）　＜満点：100点＞

1 　だいちさん，まおさん，ゆうきさんが通う小学校では，毎年，他の学年といっしょに２時間の「地域清そう」を行っています。今年は，「コミュニケーションをとること」と「計画的に地域清そうに取り組むこと」を目標にして，実施に向けた準備を進めています。まず，３人がそれぞれ所属している６年生のグループでは昨年の「地域清そう」について良かったこと，失敗したので改善したいこと（改善策も含む）の振り返りを６つずつ出してみました。３人は，その振り返りメモを見ながら話し合っています。グループの振り返りメモと会話文を読んで，あとの問いに答えましょう。

だいちさんグループの振り返りメモ　担当場所：近くの公園
①１年生から６年生まで，どの学年の子も楽しそうにやっていた。
②１年生は，小さいゴミを集めてくれた。初めての地域清そうで分からないことだらけだったはずなのに，よくがんばっていた。
③担当場所の清そうが終わった４年生の子が，１年生の手伝いをしていた。
④３年生は３年生だけで集まっていて同じところばかりをやっていたから，他の学年といっしょに清そうをしている感じがなかった。
⑤ほうきを持っていかなかったので，たくさんあった落ち葉を集めるのに苦労し，手や服がよごれてしまった。
⑥今年は，ほうきなど必要な道具を前もって確認しておく。

まおさんグループの振り返りメモ　担当場所：通学路の花だん
①昨年は，１～３年生の場所と，４～６年生の場所に分けて雑草を抜いた。
②私たち５年生は，同じ担当場所の４年生とは，たくさん話ができた。
③面白がって遊び始める子もいて腹が立った。でも，怒らずに注意したので，その後は，遊びをやめてまじめにやってくれた。
④終わった時，きれいになった花だんと，まだ雑草が残っている花だんとに分かれていた。
⑤今年は，手順をしっかりと確認して計画的に作業をしたい。
⑥作業の進みぐあいを見て，指示する人も必要だと思う。

ゆうきさんグループの振り返りメモ　担当場所：近くの商店街
①商店街の人たちが手伝ってくれ，きちんとお礼を言えた。
②その場で重い荷物を運ぶことが必要になって，荷物運びが得意な６年生たちがみんなで運んでいた。
③歩道を念入りに清そうしたが，他にもできたことがあったかもしれない。
④私たち５年生はゴミ分別の仕方がよく分からずに，燃えるゴミの袋にペットボトルを入れてしまった。
⑤ゴミの分別方法をきちんと調べておけば良かった。
⑥分別してあるゴミ袋を間違えないように，ゴミ袋に絵や色などの目印を付けるのも良いと思う。

ゆうき：メモからは，グループによって振り返りが違うのが分かるよ。

ま　お：そうね。だいちさんのグループは，メモの　⑥　にあるように，必要な道具の確認について振り返っているところが，私のグループにはない良さだね。たしかに，地域清そうをするために何が必要か考えることって大事だと思う。

ゆうき：今年の目標を達成できるように何か新しいことを考えてみましょう。

だいち：そうだね。せっかくグループで振り返ったから，振り返りの内容をさらに生かした提案をしてみようよ！

問い

(1)　下線部にならい，だいちさんの立場から，まおさんグループと，ゆうきさんグループについて，自分のグループの振り返りにはない良さを1つずつ書きましょう。次の<採点の基準>をふまえて，答え方の，　ア　には番号を1つ入れ，　イ　には言葉を入れましょう。

> 答え方：メモの　ア　にあるように，　イ　について振り返っているところが，私のグループにはない良さです。

<採点の基準>※項目ごとに次の表に示された得点が与えられます。

自分のグループの振り返りにはない良さ	15点	10点	0点
	まおさんグループとゆうきさんグループの両方のグループについて，だいちさんのグループにはない振り返りの良さをそれぞれ書いている。	まおさんグループとゆうきさんグループの，いずれか1つのグループについて，だいちさんのグループにはない振り返りの良さを書いている。	まおさんグループとゆうきさんグループの，どちらのグループについても，振り返りの良さを書いていない。

(2)　あなたは，だいちさん，まおさん，ゆうきさんの3人のうちの一人になったとして，今年の「地域清そう」に向けた提案をすることになりました。「地域清そう」の目標は，「コミュニケーションをとること」と「計かく的に地域清そうに取り組むこと」です。次のページの<採点の基準>を踏まえて，この目標を達成するために，振り返りの内容を生かした　新たな提案を，150字以上200字以内で書きましょう。

　解答らんには，3人のうち誰を選んだのかが分かるように名前に○をつけましょう。また，書き出しは，次の例を参考にしましょう。（この例と全く同じ書き出しでなくてもかまいません。）

> 私の提案は，○○○○です。

＜採点の基準＞※項目ごとに次の表に示された得点が与えられます。

字　数	5点	0点	
	条件どおりである。	条件どおりでない。	

振り返り	10点	0点	
	振り返りの内容を生かした提案になっている。	振り返りの内容を生かした提案になっていない。	

コミュニケーションをとること	10点	5点	0点
	「コミュニケーションをとること」の目標を達成するための十分な提案になっており、説得力がある文章になっている。	「コミュニケーションをとること」の目標を達成するための提案になっている。	「コミュニケーションをとること」の目標を達成するための提案になっていない。

計画的に取り組むこと	10点	5点	0点
	「計画的に地域清そうに取り組むこと」の目標を達成するための十分な提案になっており、説得力がある文章になっている。	「計画的に地域清そうに取り組むこと」の目標を達成するための提案になっている。	「計画的に地域清そうに取り組むこと」の目標を達成するための提案になっていない。

※下の原稿用紙は下書き用なので，使っても使わなくてもかまいません。解答は，解答用紙に書きましょう。

※◆の印から，横書きで書きましょう。途中で行を変かえないで，続けて書きましょう。

※「。」や「，」も1字として数えるので，行の最後で右にますがないときは，ますの外に書いたり，ますの中に文字と一緒に書いたりせず，次の行の初めのますに書きましょう。

（下書き用）

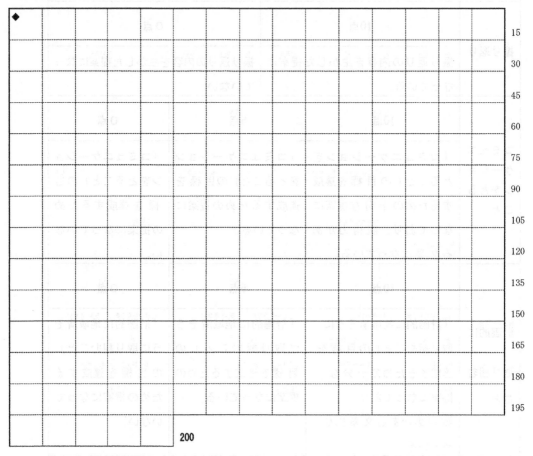

2　ひかるさんは学校新聞の「ちょっといいこと」コーナーを担当しています。そらさんの話がとて
も良かったので、そらさんにこのコーナーの原こうを依頼することにしました。
　次のひかるさんとそらさんの会話文を読んで、問いに答えましょう。

そ　ら：このあいだ、ひどい雨が降ったでしょう。あのときにすごくいいことがあったんだ。

ひかる：えっ、あんなどしゃ降りの日に？お昼過ぎから急に降ったよね。

そ　ら：そうそう、その日のことだよ。サッカーの大会があって、帰りはみんなとお昼を食べないで、
　　　　バスにも乗らないで一人で帰ったんだ。

ひかる：それはどうして？　何かあったの？

そ　ら：あと1点というところだったのに負けてさ、気持ちの整理がつかず、すごくもやもやしてい
　　　　たんだ。

ひかる：ああ、そうだったみたいだね。おしかった、と聞いたよ。

そ　ら：だから一人で帰ったんだけど、いきなり雨が降ってきて、どんどんひどくなって、どうしよ
　　　　うって困ってしまったんだ。かさなんて持ってないしね。

ひかる：じゃあどうしたの。走ったの？

そ　ら：いやいや、あっという間にずぶぬれになっちゃって、クリーニング店ののき先で雨やどりし
　　　　ていたんだ。

ひかる：えっ、お店に用もないのに

そ　ら：そうしたら、その店の人が出てきちゃって…

ひかる：えっ、それは怒られたんじゃないの？

そ　ら：と思うよね。それがさぁ、ちがうんだよ。あんなぐうぜんあるんだと思ったね。その後は、
　　　　なんだかいい気分になっちゃって家に帰れたんだよ。

ひかる：えっ、何があったの？。

そ　ら：実は、その人がね…

問い
　この後も二人の会話は続きます。この会話の後、ひかるさんはそらさんに原こうを依頼しました。
あなたがそらさんだったら、どのような記事を書きますか。
　次の条件と採点の基準をふまえて書きましょう。

【記事を書く上での条件】

①　300字以上350字以内の新聞記事を完成させる。
②　会話から分かったその日の出来事を、筋道を立てて書く。
③　雨やどりをした以降の「いいこと」について、会話の内容をふまえて、想像して書く。ただし、
　　想像の部分には、次の3語を自然な形で、すべて取り入れて書く。

　　┌────────────────────────┐
　　│　記念Tシャツ、虹、歌　　│
　　└────────────────────────┘

④　記事には、そらさんの気持ちも書く。

<採点の基準>※項目ごとに次の表に示された得点が与えられます。

字 数	5点	0点	
	条件どおりである。	条件どおりでない。	

会話部分の内容	5点	0点	
	条件どおりである。	条件どおりでない。	

想像部分の内容	10点	5点	0点
	会話の内容とつながりが見られる「いいこと」の内容を想像して書いている。	会話の内容とつながりが見られないが、「いいこと」の内容を想像して書いている。	「いいこと」の内容を想像して書けていない。

3語の使用	10点	5点	0点
	3語（記念Tシャツ・虹・歌）をすべて使用している。	3語のうち、使用していないものがある。	3語のいずれも使用していない。

3語の使用方法	15点	10点	5点	0点
	3語をすべて使用しており、自然な形で話が作られている。	3語のうちいくつか使用しており、自然な形で話が作られている。	使用しているが不自然な形で話が作られている。	不自然な形で使用している。または、使用していない。

気持ち	5点	0点	
	そらさんの気持ちが書かれている。	そらさんの気持ちが書かれていない。	

※次のページの原稿用紙は下書き用なので，使っても使わなくてもかまいません。解答は，解答用紙に書きましょう。

※◆の印から，横書きで書きましょう。途中で行を変えないで，続けて書きましょう。

※「。」や「，」も1字として数えるので，行の最後で右にますがないときは，ますの外に書いたり，ますの中に文字と一緒に書いたりせず，次の行の初めのますに書きましょう。

（下書き用）

◆

15
30
45
60
75
90
105
120
135
150
165
180
195
210
225
240
255
270
285
300
315
330
345

350

大切なことはメモしておこうネ！

2023 年 度

解 答 と 解 説

《2023年度の配点は解答欄に掲載してあります。》

＜適性検査Ⅰ解答例＞

1 (1) ア：28

(2) イ：22

(3) ウ：春　エ：夏　オ：3種類

(4) 夏セット，秋セット，果物セット，3種類セットに ○

(5)

きたさんの得点	にしさんの得点	みなみさんの得点	ひがしさんの得点	合計得点
7	5	5	5	22

2 (1)

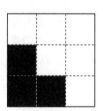

(2) さ行の共通点：　　　　せ：

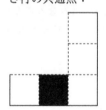 

(3)

0	1	0	1	0	1	1	0	0	1	1	0

(4) え

(5) あかは，うえにおけ。

○配点○

1 (1) 10点　　(2) 10点　　(3) 10点(完全解答・ウとエは季節のうち2種類が入ればよい)

(4) 10点(4つのうちいずれか1つが欠けていた場合は5点とする・5つ以上に○をつけた場合には0点とする)

(5) 10点(完全解答・2種類の解答のうちどちらも正答とする)

---

2 (1) 10点　　(2)　各5点×2　　(3)　10点(完全解答)　　(4)　10点
　　(5)　10点(場所と文字が正しい1文字につき1点)
　　計100点

＜適性検査Ⅰ解説＞

1 （算数：組み合わせ，論理的思考）

基本 (1) 最高得点は，4人の手持ちのカードがそれぞれ春セット，夏セット，秋セット，冬セットになるときの7×4＝28(点)である。

基本 (2) 2番目に高い得点をとるには，季節セット，果物セット，イベントセットの3セットと，残ったカードで春・夏・秋・冬いずれかのセットを作れば良い。よって，合計得点は5×3＋7＝22(点)となる。2番目に高い得点をとろうとすると，(1)の組み合わせの一部を他のセットにおきかえることが必要であることをおさえる。

(3) にしさんの発言から，7×2＋3×2＝20(点)で，当てはまるのは7点のセットが2つ，3点のセットが2つになるときである。つまり，**ウ・エ**には春・夏・秋・冬のうちのいずれか2つ，**オ**には「3種類」が書かれていればよい。

(4) ひがしさんの発言の「自分の右となりの人が持っているカードは，自分には絶対に回ってこない」を参考に考えるとよい。みなみさんは右となりのひがしさんのカードを使った組み合わせを作ることができない。つまり，冬セットと春セット，イベントセットが作れない。さらに，みなみさんの手持ちのカードには春・夏・秋・冬のカードがないこと，カードの受け渡しは2回しかないことをふまえると，季節セットも作ることができない。よって，みなみさんがねらって作ることができるのは，残りの夏セット，秋セット，果物セット，3種類セットの4つである。

重要 (5) 高い得点のセットをなるべく多く作るようにする。春・夏・秋・冬のセットのうち，作ることができるのは春セット(きたさん)，冬セット(にしさん)，夏セット(みなみさん)，秋セット(みなみさん)である。カードの移動を考えながらそれぞれの場合についてまとめると，以下の通りになる。

　　① きたさんが春セットになるとき
　　　　きたさん：春セット(「いちご」,「花見」を受け取る)
　　　　ひがしさん：イベントセット(「七夕」,「月見」を受け取る)
　　　　みなみさん：果物セット(「かき」,「みかん」を受け取る)
　　　　にしさん：季節セット(「秋」を受け取る)
　　よって，合計得点は，7＋5＋5＋5＝22(点)となる。

　　② にしさんが冬セット・みなみさんが夏セットになるとき
　　　　きたさん：組み合わせなし(「月見」,「いちご」,「花見」のいずれかを受け取る)
　　　　ひがしさん：組み合わせなし(「かき」を受け取る)
　　　　みなみさん：夏セット(「夏」を受け取る)
　　　　にしさん：冬セット(「みかん」,「正月」を受け取る)
　　よって，合計得点は，0＋0＋7＋7＝14(点)となる。

　　③ みなみさんが秋セットになるとき
　　　　きたさん：果物セット(「いちご」,「すいか」を受け取る)
　　　　ひがしさん：イベントセット(「七夕」を受け取る)

みなみさん：秋セット（「かき」，「秋」を受け取る）

にしさん：季節セット（「春」を受け取る）

よって，合計得点は5＋5＋7＋5＝22（点）となる。

これらより，①と③の22点が最高の合計得点となる。

きたさんの 得点	にしさんの 得点	みなみさんの 得点	ひがしさんの 得点	合計得点
5	5	7	5	22

でもよい。

2 （算数：規則性）

基本

(1)　[Kコードの例]のうち，例3を見ると，文字列に「を」がふくまれている。[Kコードの仕組み]から，図2の6の位置に相当する場所が「を」であると分かる。このとき，「ぱ」と「ぷ」の「゜」は1文字として数えることに注意する。

(2)　さ行：さ行のひらがなは例2と例4にふくまれている。

す　　　　　　　　　　そ

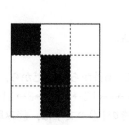 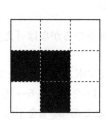

二つを見比べて，逆L字型の部分で共通している部分をぬきだせばよい。

せ：例1を見ると，え段を表すコードは次のようになる。

これと，さ行を表す逆L字型の部分を組み合わせれば，「せ」が表せる。

(3)　図10に「こんにちは，ゆうきです」の文字列を当てはめると，求められている横列に当たる文字は「う」「き」「て」「゛」の4文字だと分かる。それぞれの文字は，例1から例4を参考に考えると，次のようになる。

う　　　　　　　　　き

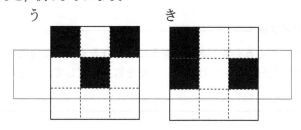

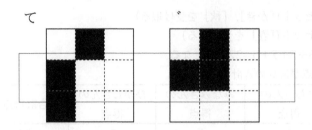

よって，わくで囲った部分を読み取って，「010101100110」となる。

(4) 図9を，bが下になるようにすると，以下のようになる。

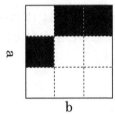

このミニコードに当てはまるひらがなは「え」である。

(5) ゆうきさんの発言「図8のKコードもbを下にして，6番から読んだから，間違った結果になった」をふまえる。機械はbを下に，6→10→2→5→9→12→1→4→8→11→3→7番の順で文字を読み取ったということである。aを下にしたときの1番の文字は，読み取り結果よりbを下に読んだときの「ち」なので，コードは例4の「ち」を回転させて以下のようになる。

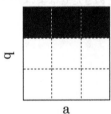

このコードはaを下にしたときに「あ」と読める。他の文字についてもそれぞれ，1から12の順番に対応するように並べかえ，aを下にして読むと，「ちてりをつしわすせとんん」となる。これらの文字に対応しているコードを1つずつ回転させ，aを下にした正しい向きではどう読むかを解読していく。そうすると，1から10までのコードを順番に読んだとき，答えは「あかは，うえにおけ。」となる。11番と12番には空白のコードが入るので読まないことに注意する。

★ワンポイントアドバイス★

問題を解くには論理的に考える必要がある。答えにたどり着くまでに時間がかかることも多いので，時間配分に気を付けよう。メモを取るなどして，情報の整理を心がけるとよい。

＜適性検査Ⅱ解答例＞

1 (1) まおさんグループ　ア：③　イ：感情をコントロールしたこと
　　　ゆうきさんグループ　ア：①　イ：手伝ってくれた人へのお礼

　　(2) 選んだ人：ゆうきさん（商店街）
　　　　私の提案は，ゴミをきちんと分別できるように分別の方法を事前に知っておくことです。ゴミ分別表を，絵が得意な子に事前に作ってもらい，それを使って分別の仕方を皆で確認します。また，地域清掃の1週間前に，商店街の人に地域清掃でやってほしいことをインタビューし，各学年でやることを決めておきます。力持ちの6年生には，重たい荷物を運んでもらい，色分けしたゴミ袋を5年生に持ってもらい分別しやすくします。

2 　先日，どしゃ降りにあった。誰かのせいではないが自分たちのミスで，1点差で試合に負けてしまい，気分が晴れなかった。そこで歩いて帰ったところ，急に雨が降ってきたのだ。少しでも雨から逃れようと，仕方なくクリーニング店ののき下で重たい気分で立っていた。すると，店の中から人が出てきた。怒られる，と思ったら，わざわざその人がタオルとTシャツを持ってきて，「体をふいて，これに着替えて」と手渡してくれた。驚いて断ったが，よく見ると夏に参加したマラソン大会の記念Tシャツだったので，店の人の顔を見ると，その人が笑顔になった。マラソン大会で転倒したときに，私が助けた人だったのだ。お礼に少し店の中で休ませてもらって外に出ると，雨はすっかり上がり，虹も見えていた。私は，すがすがしい思いで歌を口ずさんで帰った。

○配点○
1 (1)15点 (2)35点　　2 50点　　計100点

＜適性検査Ⅱ解説＞

1 （国語：相違点を探す，資料の読み取り，条件作文）

(1) だいちさんのグループは，学年ごとの清そうのときのようすや，必要な道具について振り返っている。だいちさんのグループにはない，まおさんのグループ，ゆうきさんのグループの振り返りの特ちょうを確認する。まず，まおさんのグループは，怒らずに注意したことで遊びをやめてもらえたことが特ちょう的である。また，作業の進みぐあいを見て指示を出す人が必要であると振り返っていることも特ちょうの一つといえる。一方，ゆうきさんのグループは，手伝ってくれた地域の人たちへお礼を伝えていることや，ゴミの分別方法について考えていることが特ちょうである。以上のような，それぞれのグループのよさを1つ選んで書けばよい。

(2) (1)で答えたそれぞれのグループのよさをふまえて書けると良い。解答例はゆうきさんのグループの振り返りをふまえた提案だが，だいちさんのグループなら必要な道具の確認，まおさんのグループなら作業の進みぐあいを見て指示を出す人について書けば，それも正答となる。提案の内容とグループの振り返りメモの内容が食い違わないように確認する。＜採点の基準＞に合うようにまとめる。

やや難 2 （国語：条件作文）

ひかるさんとそらさんの会話文と，【記事を書く上での条件】をふまえて書く。会話文では，①

ひどい雨が降った日にいいことがあったこと，②試合に負けたので一人で帰っていたこと，③クリーニング店ののき先で雨やどりしていたこと，④お店の人が出てきたことが挙げられているので，４つの要素を順に書いていく。次に，会話をもとに，「お店の人が出てきた理由」を想像し，指定の３語を入れる。このとき，お店の人が出てきた理由と，そらさんの最初の発言にある「すごくいいこと」は同じであると考えられる。どのような理由なら自然な流れになるか，話の内容をふまえて考えて書けるとよい。

　なお，新聞記事の原こうなので，できごとについては「～した」といった形で，過去形にするのがよい。

★ワンポイントアドバイス★

条件をふまえて解答するだけでなく，自分で想像したものを文章にまとめる力も求められる。本文中に書かれたことをふまえて，自分なりの考えやアイデアを素早くまとめられるよう，日ごろから練習しておこう。

2022年度

★★★★★★★★★★★★★★★★★★★★★★

入 試 問 題

2022
年
度

2022年度

入試問題

2022年度

市立札幌開成中等教育学校入試問題

【適性検査Ⅰ】（45分）　　＜満点：100点＞

1　かおるさんとひかるさんは，児童会館で「ぼうけん少年カイセイ」という本を見つけ，読んでみることにしました。かおるさん，ひかるさん，館長の会話文と説明文を読んで，(1)から(5)の問いに答えましょう。

かおる：「ぼうけん少年カイセイ」の本にはゲームと物語がのっているね。

ひかる：じゃあ，まずゲームで遊んでみようかな。館長さん，ゲームで遊んでもいいですか。

館　長：もちろんです。「ぼうけん少年カイセイ」のゲームは3人以上で行う必要があるので，わたしもゲームに参加しますね。ゲームの説明書を読んでみましょう。

【ゲームの説明書】
　このゲームは参加者2人以上と審判役1人の合計3人以上で行います。
　このゲームでは，呪文カードと呼ばれる呪文の書いてあるカードを使います。呪文カードに書いてある呪文の種類は下の4種類です。
　・あかの呪文　・あおの呪文　・みどりの呪文　・しろの呪文

　参加者は審判役の言葉をもとに，話し合って呪文の強さの順番を当てます。なお，参加者にはあらかじめ4種類の呪文カードがそれぞれ1枚ずつ，計4枚のカードが配られています。

【ゲームの手順】
①審判役はゲームを始める前に呪文の強さの順番を決めて，ひみつのメモカードに記録し，参加者に見えないようにしておきます。
②参加者は手持ちの呪文カードから1枚選び，裏返しにしておきます。
③審判役の「オープン！」の合図とともに，参加者はカードを表にします。
④審判役はあらかじめ書いていたひみつのメモカードに従って，参加者が選んだ呪文カードを比べて，一番強い呪文カードを出した参加者の名前を言います。
⑤審判役が決めた呪文の強さの順番を，参加者みんなで当てることができるまで，これをくり返します。

館　長：今回の審判役はわたしがやりますね。呪文の強さの順番も考えましたよ。では，さっそく始めましょう。

かおる：わたしから先に呪文カードを置きますね。

ひかる：わたしも呪文カードを置きました。

館　長：では，「オープン！」

かおる：わたしは「あかの呪文」で，ひかるさんは「あおの呪文」だね。

館　長：強い呪文カードを出したのは，ひかるさんです。

ひかる：審判役が決めた強さの順番では「あおの呪文」の方が強いことがわかるね。

かおる：ということは，何回も呪文カードの強さを比べていけば，審判役が決めた呪文の強さの順番がわかるんじゃないかな。

ひかる：そうだね。呪文カードの組み合わせを全部試して比べていけば，呪文の強さの順番が必ずわかるはずだよ。

かおる：同じ種類の呪文どうしは引き分けになることがわかっているから，その組み合わせを除くと全部で　ア　通りの呪文カードの組み合わせがあるね。

館　長：確かに，全ての組み合わせを行うと必ず呪文の強さの順番がわかりそうですが，途中までの結果をもとに考えてもわかるはずですよ。

ひかる：そうですね。では，ゲームを続けて結果をまとめてみますね。

（かおるさんとひかるさんはゲームを続け，その後3回分までの結果を表1のようにまとめました。）

表1

かおるさんの出した呪文カード	ひかるさんの出した呪文カード	強い呪文カードを出した人
みどり	しろ	かおるさん
あお	みどり	ひかるさん
しろ	あお	かおるさん

ひかる：ここまでの結果で呪文の強さの順番がわかるね。

かおる：うん。呪文の強さの順番は　イ　だね。

館　長：正解です。よくわかりました。

ひかる：参加者4人で遊ぶとどうなるかな。

かおる：①4人の参加者が相談しながら呪文カードを出せば，3回で呪文の強さの順番がわかりますね。

(1)　ア　に当てはまる数字を書きましょう。

(2)　イ　に入る呪文の強さの順番を，強いものから順に並べて書きましょう。

(3)　下線部①について，呪文の強さの順番を3回で知るためには，参加者4人がどのように呪文カードを出すとよいのか，1回目，2回目，3回目，それぞれの場合について説明しましょう。

ひかる：次は「ぼうけん少年カイセイ」の物語の最初を読んでみよう。

【ぼうけん少年カイセイの物語】

　ぼうけん少年カイセイは「あかの呪文」「あおの呪文」「みどりの呪文」「しろの呪文」を使うことができる魔法使いに，呪文を習うために旅をしています。

　ある日，7人の魔法使い（魔法使いAから魔法使いG）に出会いました。7人の魔法使いたちは，ぼうけん少年カイセイに以下のことを伝えました。

・私たちは，全員呪文を使うことができます。私たちの中には「あかの呪文」「あおの呪文」「みどりの呪文」「しろの呪文」を使う魔法使いが1人ずついます。

・魔法使い1人が使うことができる呪文は1つの種類だけです。（例えば，同じ魔法使いが「あかの呪文」と「あおの呪文」を両方使うことはできません。）
・私たちの呪文を「石」と「水」にかけると呪文の種類により，それぞれ特別な変化がおきます。呪文には強さの順番もあります。

　7人の魔法使いは，「あかの呪文」「あおの呪文」「みどりの呪文」「しろの呪文」の4つの呪文と4人の魔法使いの組み合わせを当てることができれば，ぼうけん少年カイセイの望みをかなえることを約束しました。ぼうけん少年カイセイは果たして望みをかなえることができるのでしょうか。

ひかる：4つの呪文を使わない残りの3人の魔法使いは，別の呪文を使うんだね。その3人の魔法使いの呪文も「石」と「水」にかけると特別な変化がおきるし，呪文の強さの順番もあることが物語の補足に書いてあったよ。

かおる：だけど，この情報だけで呪文と魔法使いの組み合わせを当てることは難しそうだね。

館　長：物語を読み進めると手がかりがあるかもしれませんよ。

かおる：さっそく読んでみよう。

ひかる：ぼうけん少年カイセイが4つの呪文についてまとめたページがあったよ。（表2）

表2

	あかの呪文	あおの呪文	みどりの呪文	しろの呪文
「石」に呪文をかけたとき	割れる	光る	光る	割れる
「水」に呪文をかけたとき	色が変わる	氷になる	氷になる	氷になる
強さの順番	3番	1番	2番	4番

かおる：これは手がかりになりそうだね。私はぼうけん少年カイセイが7人の魔法使いについてまとめたページを見つけたよ。（表3）

表3

魔法使いの名前	「石」に呪文をかけたとき	「水」に呪文をかけたとき	呪文の強さの順番
魔法使いA	光る	氷になる	3番目
魔法使いB	光る	氷になる	4番目
魔法使いC	割れる	氷になる	2番目
魔法使いD	光る	氷になる	7番目
魔法使いE	光る	氷になる	1番目
魔法使いF	割れる	氷になる	6番目
魔法使いG	割れる	色が変わる	5番目

かおる：魔法使いＡが「石」に呪文をかけると光り，「水」に呪文をかけると氷になるということだね。魔法使いＡは７人の魔法使いの中で３番目に強い魔法を使うことができるんだ。

ひかる：表２の強さの順番は「あかの呪文」「あおの呪文」「みどりの呪文」「しろの呪文」の４つの種類の呪文の強さの順番だから，表２と表３の呪文の強さの順番には注意が必要だね。

館　長：ここまでの手がかりで４つの呪文と魔法使いの組み合わせを当てることはできそうですか。

ひかる：はい。②２つの呪文とそれを使う魔法使いの組み合わせがわかりました。

かおる：そうだね。でも残りの２つの呪文と魔法使いの組み合わせは決めることができないね。

ひかる：③考えられる呪文と魔法使いの組み合わせを整理してみよう。

館　長：整理を行ったら，物語を最後まで読んで確かめてみましょう。

(4) 下線部②の時点でわかった呪文とそれを使う魔法使いの組み合わせを書きましょう。

(5) 下線部③について，ひかるさんは考えられる呪文と魔法使いの組み合わせを以下のようにまとめました。 ウ から ク に入る適切な語句またはアルファベットを書きましょう。

ひかるさんが考えた組み合わせの整理

・魔法使いＥが使う呪文が ウ の呪文の場合，魔法使い エ と魔法使い オ のどちらかが使う呪文は カ の呪文となる。

・魔法使い キ が使う呪文が「あおの呪文」の場合，魔法使い ク が使う呪文は カ の呪文となる。

---

② かいさんは自分が考えた新しいゲームについて，せいさんと話をしています。以下の会話文を読んで(1)から(5)の問いに答えましょう。

かい：ゲーム大会のために「開成ナイン」というゲームを考えたよ。

せい：どんなゲームか教えて。

かい：２人で対戦して勝ち負けを決めるゲームだよ。３×３の９マスに２人が交互に１から順番に９まで数字を書いていくよ。１を書く人を先手，２を書く人を後手と呼ぶよ。

せい：じゃあ，全部のマスに数字が書ける場合は，先手が最後に９を書いておしまいだね。

かい：そう。そして数字を書く時にはルールがあって，必ず１つ前に書いた数字の縦横斜めで接しているマスにしか書いてはいけないんだ。数字が書けなくなったらそこでおしまいだよ。試しにやってみよう。わたしが先手で１を書くね。

図１

1	2	3
6	5	4
7	8	9

図２

	2	1
	4	3
		5

せい：図１のように全部書けたね。で，勝敗はどうやって決めるの。

かい：横にならんだ２つの数字が二桁の数字になっていることにして，その中で最大の数字を探してみてよ。

せい：前のページの図1なら...89だね。

かい：その数字を「勝ち点」と呼び，勝ち点の十の位を書いた人の勝ちとするよ。だから8を書いたせいさんの勝ちだよ。

せい：わかったよ。でもそれだと9を書ける先手が有利じゃない。

かい：先手に右の列に9を書かせるようにするのが後手の作戦になるね。

せい：でも先手が右上に1を書いたら先手の勝ちが決まるんじゃない。たとえば図2のように後手が9を右に書かせようと進めても，先手が毎回右に数字を書くようにしていけば，①先手の勝ちが決まるよ。

かい：そんなことはないよ。図3のように2を書けば，まだ勝負はわからないよ。図4のようになれば勝ち点64で後手の勝ちだよ。接しているマスをなくして数字を書けなくするのも作戦のうちだね。

図3

		1
	2	

図4

		1
5	2	3
6	4	

せい：なるほど。じゃあ，それならいろいろなパターンが考えられるかもね。もう一度やってみよう。つぎもかいさんを先手にしよう。

図5

		1
3	2	
4	5	

図6

2		
3	1	
4		

かい：図5のようになったら，この後うまく進めていけば先手の勝ちが決まるね。先手が勝つ場合の最小の勝ち点は　ア　だね。

せい：図5を見ると，3をこの位置に書いた時点で，先手の勝ちが決まっているんじゃないかな。後手が4を書けるマスは　イ　個しかないけれど，どのマスに4を書いても，先手が勝つように進めていけるよ。3をこの位置に書いた時に，先手が勝つ場合の最小の勝ち点は　ウ　になるね。

かい：じゃあ，1を書くマスを変えてみよう。図6のようになったら　エ　はうまく進めていけば必ず勝てるようにできるね。

せい：　エ　が勝つ場合の最大の勝ち点は　オ　だね。

かい：おもしろそうだから，次のゲーム大会では開成ナインをみんなでやることにしよう。

せい：それなら，せっかくだから開成ナインの級をつくろうよ。みんな10級から始めて，勝った時にもらえるポイント数に応じて級が上がっていく仕組みにしよう。例えば同じ級の人に1回勝つと1ポイント，1つ上の級の人に1回勝つと2ポイント，というように勝った方が級の差に1を加えたポイントをもらえるようにしよう。自分より下の級の人に勝ってもポイントはもらえないよ。そして，10級の人が3ポイントたまったら9級，9級の人が次に3ポイントたまったら8級というように，合計ポイントが3ポイント増えるごとに1つ上の級に上が

るんだ。

かい：ということは，10級の人が4級の人に1回勝つと，7ポイントをもらい，8級に上がること
　　　ができるんだね。そして，次に2ポイントをもらうと，合計9ポイントとなって7級に上が
　　　ることができるんだね。

せい：そのとおりだよ。

かい：それならば，10級の人が1級になるには合計 カ ポイント必要だね。例えば，はじめは
　　　10級の人が1級の人と連続して対戦する場合， キ 連勝すれば，同じ1級になれるね。

せい：もし，10級の2人が対戦する場合，2人とも7級になるまでには最低でも ク 回対戦す
　　　る必要があるね。

(1) 下線部①について，図2で先手が勝つ場合の勝ち点を書きましょう。

(2) ア ， イ ， ウ に当てはまる数字を書きましょう。

(3) エ に当てはまる言葉は先手と後手のどちらか書き， オ に当てはまる数字を書きましょ
　　う。

(4) カ ， キ に当てはまる数字を書きましょう。

(5) ク に当てはまる数字を書きましょう。

【適性検査Ⅱ】（45分）　＜満点：100点＞

1　ア・イ・ウを読んで，問いに答えましょう。

ア　私は今年，推せんされて6年2組のボランティア委員になりました。最初はいやいや活動に参加していました。しかし，人からありがとうと言われたり，自分も誰かの助けになれるんだと感じたりすることがあり，今はとても楽しく活動しています。委員じゃなくてもボランティアはできますが，私が変わったきっかけは委員になったことなので，みんなにもぜひ挑戦してみてほしいです。

イ　私は専門学校を卒業後，高齢者のための施設で働いて3年になります。先日，施設の庭の花が枯れてしまったとき，そばにいた入居者の方に何気なく相談したのです。するとその方は，生き生きとアドバイスをしてくださいました。その方はもともと農業関係の仕事をしていたそうです。それまで，部屋にこもりきりで，気力を失っているように見えたお年寄りでした。その後，庭の花の管理係をお願いしたところ，毎日見回りをして，水やりや肥料について私たちに教えてくださるようになりました。

ウ　ぼくには3歳年下の弟がいるんだ。弟は今2歳。おかあさんから弟にやさしくするように言われているんだ。でも，ぼくが絵をかいていると，いつも近づいてきて紙をめちゃくちゃにしちゃうんだ。ぼくが弟をおこったら，お兄ちゃんなんだから許してあげなさいといつもぼくの方がおかあさんにしかられるんだ。弟が生まれてからは，本当にいいことがない。弟のお世話なんて，ぼくはいやだ。ぜったいにやらないぞ。

問い

ア・イ・ウの文章の内容に共通する考え方を探究し，あなたがわかったことを，次の＜採点の基準＞を踏まえて，200字以上300字以内で説明しましょう。

＜採点の基準＞※項目ごとに次の表に示された得点が与えられます。

字　数	10点		0点	
	条件どおりである。		条件どおりでない。	

共通点の指摘	20点	10点	0点	
	三つに当てはまる共通点を指摘できている。	二つに当てはまる共通点を指摘できている。	共通点を指摘できていない。	

共通点と三つの文章の内容との関連	20点	10点	5点	0点
	共通点と三つの文章の内容との関連について、深い思考が見られる。	共通点と三つの文章の内容との関連について、説明が成立している。	共通点と二つの文章の内容との関連について、説明が成立している。	共通点と文章の内容との関連について、説明が成立していない。

　なお，その考え方に対するあなたの感想や意見を書く必要はありません。感想や意見を書いてしまった部分は，字数に数えません。

×感想や意見の例

・私は○○することが大事だと思います。

・アの人はこうするべきです。

　また，書き出しは，次の例を参考にしましょう。（この例と全く同じ書き出しでなくてもかまいません。）

共通する考え方は，○○○ということです。アでは…

※次のページの原稿用紙は下書き用なので，使っても使わなくてもかまいません。解答は，解答用紙に書きましょう。

※◆の印から，横書きで書きましょう。途中で行を変えないで，続けて書きましょう。

※「。」や「，」も１字として数えるので，行の最後で右にますがないときは，ますの外に書いたり，ますの中に文字と一緒に書いたりせず，次の行の初めのますに書きましょう。

（下書き用）

◆

15
30
45
60
75
90
105
120
135
150
165
180
195
200
210
225
240
255
270
285
300

2   ゆうきさんとるいさんは，「大切に思うこと」をテーマにスライドを使って発表をすることになりました。

　ゆうきさんは「挑戦することの大切さ」，るいさんは「思いやりの大切さ」について述べようと考えています。発表の際は，効果的なスライドを3枚使用し，発表原稿を200字以上300字以内で書いてから発表することと決められています。

　以下は，ゆうきさんの発表メモです。それを読んで，問いに答えましょう。

【ゆうきさんの発表メモ】

発表のスライド

スライド①	野球のバットとボールの絵がかかれたスライド
スライド②	こげた料理をのせたフライパンの絵がかかれたスライド
スライド③	開いたドアの絵がかかれたスライド

発表原稿

スライド①	人には得意なことと不得意なことがあります。打つことが得意でも、ボールを投げたりキャッチしたりすることが苦手な人もいます。でも、不得意だからと言ってあきらめてもいいのでしょうか。(88字)
スライド②	人は一度失敗してしまうと、次も失敗するのではないかと不安になったり、それならもうこのことはやめようと投げ出したりすることがあります。それでは、人として成長することはできません。(88字)
スライド③	挑戦することは誰にでもできます。しかし、やってみようという気持ちが生まれないとできません。勇気をもって、くり返し新しい世界に立ち向かうことが必要です。たくましく成長するために挑戦することは大切です。(99字)

問い

　るいさんは次のページのスライドの候補から3枚選択し，「思いやりの大切さ」について発表する原稿を考えています。あなたがるいさんなら，どのような発表原稿を書きますか。次のスライドの候補から3枚選択し，各スライドにつき50字以上100字以内，かつ，合わせて200字以上300字以内で，＜採点の基準＞を踏まえて，3枚のスライドにつながりのある発表原稿を書きましょう。

スライドの<ruby>候補<rt>こうほ</rt></ruby>

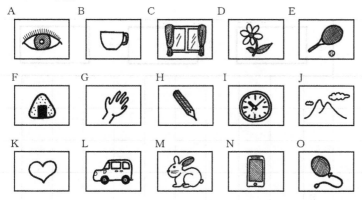

A B C D E

F G H I J

K L M N O

<<ruby>採点<rt>さいてん</rt></ruby>の<ruby>基準<rt>きじゅん</rt>>※<ruby>項目<rt>こうもく</rt></ruby>ごとに<ruby>次<rt>つぎ</rt></ruby>の<ruby>表<rt>ひょう</rt></ruby>に<ruby>示<rt>しめ</rt></ruby>された<ruby>得点<rt>とくてん</rt></ruby>が<ruby>与<rt>あた</rt></ruby>えられます。

	30点	20点	10点	5点	0点
スライドの**選択と発表**原稿の内容	3枚のスライドを選択しており、発表原稿に3枚のスライドのつながりがあり、深い思考が見られる。	3枚のスライドを選択しており、発表原稿に3枚のスライドのつながりがある。	3枚のスライドを選択しているが、発表原稿に3枚のスライドのつながりがない。	3枚のスライドを選択しているが、発表原稿が完成していない。	3枚のスライドを選択していない。

	20点		10点		0点
発表原稿の字数	各スライドも全体も条件どおりである。		各スライドのみ条件どおりである。		各スライドも全体も条件どおりでない。

※<ruby>次<rt>つぎ</rt></ruby>のページの<ruby>原稿用紙<rt>げんこうようし</rt></ruby>は<ruby>下書<rt>したが</rt></ruby>き<ruby>用<rt>よう</rt></ruby>なので，<ruby>使<rt>つか</rt></ruby>っても<ruby>使<rt>つか</rt></ruby>わなくてもかまいません。<ruby>解答<rt>かいとう</rt></ruby>は，<ruby>解答用紙<rt>かいとうようし</rt></ruby>に<ruby>書<rt>か</rt></ruby>きましょう。

※◆の<ruby>印<rt>しるし</rt></ruby>から，<ruby>横書<rt>よこが</rt></ruby>きで<ruby>書<rt>か</rt></ruby>きましょう。<ruby>途中<rt>とちゅう</rt></ruby>で<ruby>行<rt>ぎょう</rt></ruby>を<ruby>変<rt>か</rt></ruby>えないで，<ruby>続<rt>つづ</rt></ruby>けて<ruby>書<rt>か</rt></ruby>きましょう。

※「。」や「，」も１<ruby>字<rt>じ</rt></ruby>として<ruby>数<rt>かぞ</rt></ruby>えるので，<ruby>行<rt>ぎょう</rt></ruby>の<ruby>最後<rt>さいご</rt></ruby>で<ruby>右<rt>みぎ</rt></ruby>にますがないときは，ますの<ruby>外<rt>そと</rt></ruby>に<ruby>書<rt>か</rt></ruby>いたり，ますの<ruby>中<rt>なか</rt></ruby>に<ruby>文字<rt>もじ</rt></ruby>と<ruby>一緒<rt>いっしょ</rt></ruby>に<ruby>書<rt>か</rt></ruby>いたりせず，<ruby>次<rt>つぎ</rt></ruby>の<ruby>行<rt>ぎょう</rt></ruby>の<ruby>初<rt>はじ</rt></ruby>めのますに<ruby>書<rt>か</rt></ruby>きましょう。

（下書き用）

選択したスライドのアルファベット	① [　　　　] →② [　　　　] →③ [　　　　]

スライド①

◆

15
30
45
50
60
75
90
100

スライド②

◆

15
30
45
50
60
75
90
100

スライド③

◆

15
30
45
50
60
75
90
100

2022 年 度

解 答 と 解 説

《2022年度の配点は解答欄に掲載してあります。》

＜適性検査Ⅰ解答例＞

1 (1) 6

(2) （強い）みどり（→）しろ（→）あお（→）あか（弱い）

(3) **1回目**：4人が全員ちがう種類の呪文カードを出す。

2回目：1回目で勝った呪文カードを除き，残りの3種類の呪文カードを出す。

3回目：1回目と2回目で勝った呪文カードを除き，残りの2種類の呪文カードを出す。

(4) （呪文の名前）あかの呪文　（魔法使いの名前）G

　　（呪文の名前）しろの呪文　（魔法使いの名前）F

(5) **ウ**：あお　**エ**：A（B）　**オ**：B（A）　**カ**：みどり　**キ**：A　**ク**：B

2 (1) 92

(2) **ア**：57　**イ**：4　**ウ**：54

(3) **エ**：後手　**オ**：89

(4) **カ**：27　**キ**：5

(5) **ク**：13

○配点○

1 (1) 5点　　(2) 10点　　(3) 10点(内容が正しければ表現は問わない・完全解答)

　 (4) 10点(完全解答)　　(5) 15点(完全解答)

2 (1) 5点　　(2) 各5点×3　　(3) 10点(完全解答)　　(4) 各5点×2　　(5) 10点

　 計100点

＜適性検査Ⅰ解説＞

1 （数学：組み合わせ，論理的思考）

基本

(1) 呪文カードの組み合わせは下の樹形図のようになる。

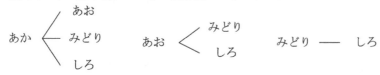

(2) 表1から，「みどりの呪文」は「しろの呪文」と「あおの呪文」より強く，「しろの呪文」は「あおの呪文」よりも強いことがわかる。また，会話文から「あおの呪文」は「あかの呪文」よりも強いことがわかる。これらの情報をまとめると，強い方から「みどり→しろ→あお→あか」の順になる。

(3) 呪文カードは全部で4種類あるので，3回で呪文の強さの順番を知るためには，①4種類の中でいちばん強いカードを知る→②残りの3種類の中でいちばん強いカードを知る→③残りの2種類のどちらが強いかを知るという手順でゲームを行えば良い。

重要 (4) 4つの呪文と7人の魔法使い（まほう）について，呪文の強さの順番に並べると下の表のようになる。

	呪文の種類	石の変化	水の変化
1	あおの呪文	光る	氷になる
2	みどりの呪文	光る	氷になる
3	あかの呪文	割れる（わ）	色が変わる
4	しろの呪文	割れる	氷になる

	魔法使い	石の変化	水の変化
1	E	光る	氷になる
2	C	割れる	氷になる
3	A	光る	氷になる
4	B	光る	氷になる
5	G	割れる	色が変わる
6	F	割れる	氷になる
7	D	光る	氷になる

「水の色が変わる」呪文は「あかの呪文」のみであり，この呪文を使うのは魔法使いGのみである。よって，「あかの呪文」を使う魔法使いがGだとわかる。このことから，「あかの呪文」よりも弱い「しろの呪文」を使う魔法使いはFかDのいずれかで，石と水の変化からFであることがわかる。

(5) 「あかの呪文」よりも強い「あおの呪文」と「みどりの呪文」を使う魔法使いとして，石と水の変化からE，A，Bの3人が考えられる（表の太わく部分）。ここで，「あおの呪文」は「みどりの呪文」よりも強いため，「あおの呪文」を使う魔法使いはEかAのどちらかである。魔法使いEが使う呪文が「あおの呪文」の場合，魔法使いA，Bのどちらかが使う呪文は「みどりの呪文」となる。魔法使いAが使う呪文が「あおの呪文」の場合，魔法使いBが使う呪文は「みどりの呪文」となる。

2 (数学：パズル)
(1) 図2のあと，次の(A)～(C)のような進め方が考えられる。

(A)

	2	1
	4	3
	6	5

⇨

	2	1
7	4	3
	6	5

⇨

8	2	1
7	4	3
	6	5

(B)

	2	1
	4	3
	6	5

⇨

	2	1
7	4	3
	6	5

⇨

	2	1
7	4	3
8	6	5

(C)

	2	1
	4	3
	6	5

⇨

	2	1
	4	3
7	6	5

⇨

	2	1
8	4	3
7	6	5

9	2	1
8	4	3
7	6	5

(A)(B)では後手の勝ちになってしまうため，先手が勝つためには(C)のようにゲームを進めなくてはならない。したがって，このときの勝ち点は92となる。

(2) **ア**：図5のあと，次の①～③のような進め方が考えられる。

①

		1
3	2	
4	5	6

➡

		1
3	2	7
4	5	6

➡

	8	1
3	2	7
4	5	6

➡

9	8	1
3	2	7
4	5	6

②

		1
3	2	6
4	5	

➡

		1
3	2	6
4	5	7

③

		1
3	2	6
4	5	

➡

	7	1
3	2	6
4	5	

➡

8	7	1
3	2	6
4	5	

①では勝ち点98で先手，②では勝ち点57で先手，③では勝ち点87で後手がそれぞれ勝ちとなる。したがって，先手が勝つ場合の最小の勝ち点は57である。

イ：1から3までの数字が書かれた状態で，次に4を書けるマスは右の図のA～Dの4個である。

ウ：Aの位置に4を書いたときに先手が勝つ場合の最小の勝ち点は，　ア　より57である。

B	D	1
3	2	
A	C	

B～Dのマスに4を書いた場合についても考える。

【Bのマスに4を書いた時】

6までの数字は次のようにしか書くことができない。

4		1
3	2	

➡

4	5	1
3	2	

➡

4	5	1
3	2	6

この後，7を書くことができるのは右下と下の真ん中のマスである。ここで先手は下の図

のように，右下のマスに7をかけば，必ず勝つことができる。このときの勝ち点は98である。また，下の真ん中に7を書くと，先手は負けるか，勝ったときの勝ち点が78となる。

4	5	1
3	2	6
		7

4	5	1
3	2	6
	8	

4	5	1
3	2	6
9	8	7

【Cのマスに4を書いたとき】

先手が右の図の位置に5を書くと，これ以上数字が書けなくなるため，勝ち点54で先手の勝ちとなる。

他の位置に5を書いてしまうと後手の勝ちになるか，先手が勝っても勝ち点が54より大きくなってしまう。よって，この場合の最小の勝ち点は54であるとわかる。

		1
3	2	
5	4	

【Dの位置に4を書いたとき】

先手が右の図の位置に5を書くと，これ以上数字が書けなくなるため勝ち点54で先手の勝ちとなる。

Cのときと同様に，他の位置に5を書いてしまうと後手の勝ちになるか，先手が勝っても勝ち点が54より大きくなってしまうため，この場合の最小の勝ち点は54であるとわかる。

以上から，先手が勝つ場合の最小の勝ち点は54であるとわかる。

5	4	1
3	2	

(3) 図6のようになったあと，先手は5を右の図の位置(一番下の段の真ん中のマス)にしか書くことができない。この状態で後手は右の図のEかFのマスに6をかける。右図のEのマスに6を書いた場合，先手がFの位置に7を書いたときに，後手は自身が負けてしまうと予想できる。しかし，Fの位置に6を書いた場合，先手は7を書く場所をE以外選ぶことができなくなる。同じように考えると，後手は8を上の真ん中の位置に書く。したがって，下の図のように進めていけば，後手は必ず勝つことができる。

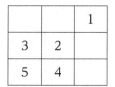

2		
3	1	E
4	5	F

2		
3	1	7
4	5	6

2	8	
3	1	7
4	5	6

2	8	9
3	1	7
4	5	6

よって，勝ち点89が後手の最大の勝ち点となる。

(4) **カ**：3ポイントたまると1つ上の級に上がるので，10級から1級に上がるためには3×(10－1)＝27より，27ポイント必要である。

キ：10級の人が1級の人に1回勝つと10ポイントをもらい，7級に上がることができる。続いて1級の人に1回勝つと7ポイントをもらい，合計ポイントが17ポイントとなるため5級に上がることができる。続いて1級の人に1回勝つと5ポイントをもらい，合計ポイントが22ポイントとなって3級に上がることができる。続いて1級の人に1回勝つと3ポイントをもらい，合計ポイントが25ポイントとなって2級に上がることができる。最後に1級の人に1回勝つと2ポイントをもらい，合計ポイントが27ポイントとなって1級に上がることができる。したがって，5連勝すれば合計27ポイントとなることがわかる。

(5) どちらも10級のAさんとBさんが対戦する場合を考える。

下のように進んでいけば，最小の対戦回数でAさんとBさんの両方が7級に上がることができる。

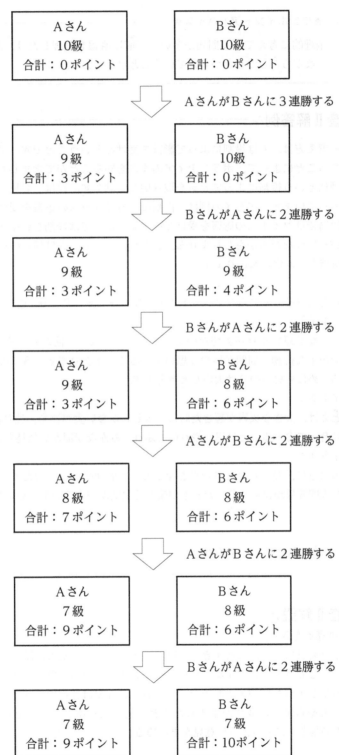

よって，このときの対戦回数は13回である。

★ワンポイントアドバイス★

論理的に考えて解く問題が多い。丁寧（ていねい）に情報を整理したり，図を使って考えたりしながらひとつひとつ考えていくことがポイント。

＜適性検査Ⅱ解答例＞

1 共通する考え方は，人は役割によって影響を受けるということです。アの人は，委員という役割になることによって，ボランティアの良さを知ることができました。イは，お年寄りが花の管理係という役割によって元気を取り戻した話です。ウは，お兄ちゃんという役割がいやだと言っています。アとイの例は，役割によってプラスの影響を受けていますが，ウの例はこの段階ではマイナスの影響を受けています。ここでは役割をいやがっていますが，このあとの成長につながるかもしれません。どちらにしても，人は何かの役割をもつことで，考え方や気持ちに変化が起こります。

2 選択したスライドのアルファベット：① K → ② F → ③ G

スライド①：

まず，なぜ思いやりが大切なのでしょうか。人は必ず他の人と関わって生きています。自分勝手な行動で周囲がいやな思いをすることがあります。多くの人が笑顔で幸せに生きるためにも思いやりは大切だと考えます。

スライド②：

たとえば，大きな災害が起きた時に，少ししかない食べ物を，独り占めするのではなく，分け合って食べることは思いやりにあふれ，みんなが温かい気持ちになります。

スライド③：

このように，ひとりひとりが小さなことでも周囲のことを考えて手を取り，助け合うことで人間関係が良くなり，だれもが楽しく生活ができるので，思いやりは大切なのです。

○配点○

1 50点　　2 50点　　計100点

＜適性検査Ⅱ解説＞

1 （国語：共通点を探す）

アの文章は委員になったことがきっかけで考え方が変わった人の話，イの文章は庭の花の管理係になったことで生き生きとするようになったお年寄りの話，ウの文章は兄になったことで気持ちが変わってしまった男の子の話である。それぞれ「委員」「管理係」「兄」という役割をもったことで，気持ちや考え方に変化が生まれたことが読み取れる。この点を共通する考え方としてあげ，＜採点の基準＞に合うように意見をまとめる。

重要▶ ② （国語：意見発表）

　ゆうきさんの発表を参考にして，スライドの順番とそれに合うような発表原稿を考える。発表
の順番としては，スライド①で疑問を投げかけるなどして話題提起をし，スライド②では自分の
考えの根きょになるような具体例をあげ，スライド③で意見をまとめて結論づける，という流れ
にするのが好ましい。「思いやりは大切である。」という結論にもっていけるよう，３つの発表原
稿のつながりを意識して適切に意見をまとめる。

──★ワンポイントアドバイス★──

　それぞれの文章をよく読み，文章ごとのテーマを整理して共通点を探す。自分の
意見をまとめるときには，相手に言いたいことが伝わるように文と文のつながり
を意識して簡潔にまとめるとよい。

大切なことはメモしておこうネ！

2021年度
★★★★★★★★★★★★★★★★★★★★★★★★

入 試 問 題

2021
年
度

2021年度

市立札幌開成中等教育学校入試問題

【適性検査Ⅰ】 （45分）　　＜満点：100点＞

1　まことさんは冬休みに友だち２人を誘い，10時にオープンするかいせいスキー場に来ています。今，３人はオープン前に，スキー場の入口付近で案内図を見ながら会話をしています。
　次の文章と会話文をよく読んで，(1)から(5)の問いに答えましょう。
　なお，問いに答えるにあたっては，ゴンドラの待ち時間，ゴンドラに乗っている時間，コースでスキーを滑る時間，レストランまでの移動時間以外は考えないこととし，ゴンドラの乗り継ぎに要する時間も考えないこととします。

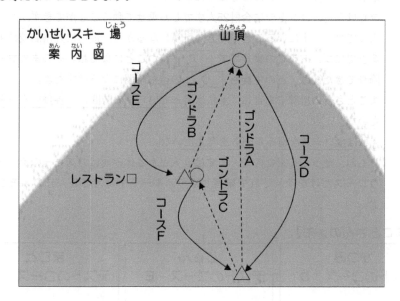

まことさん：このスキー場にはゴンドラとコースがそれぞれ３つずつあるよ。図の中ではゴンドラの乗り場は△で，降り場は○で表されているよ。ゴンドラ１台あたりの定員はＡが10人，Ｂが５人，Ｃが５人で，所要時間はＡが10分間，Ｂが５分間，Ｃが５分間だよ。どのゴンドラも１分間に１台のゴンドラが出発しているよ。コースを滑りきるのに必要な時間はＤが10分間，Ｅが10分間，Ｆが５分間だよ。ゴンドラＡでもゴンドラＢでも山頂付近に行けるので，ゴンドラＡからコースＥに行ったり，ゴンドラＣからゴンドラＢを乗り継いでコースＤに行ったりすることもできるよ。

かつみさん：オープン前の時間にスキー場についたのに，すでにゴンドラの乗り場にはたくさんの人たちが並んでいるね。

まことさん：道外からの修学旅行生らしいよ。ゴンドラＡの乗り場には本州高校の修学旅行生が100人，ゴンドラＣの乗り場には九州高校の修学旅行生が100人並んでいるけど，それぞれコースＤとコースＦしか滑らないらしいよ。今，このスキー場には修学旅行生

200人と私たち3人しかいないから，ゴンドラBのオープン後の待ち時間はゼロになるね。

じゅんさん：じゃあ，私たちが，もし今からすぐに修学旅行生の後ろに並ぶとしたら，オープン後から数えてゴンドラAの待ち時間を10分間とすると，ゴンドラCの待ち時間は ア の計算になるね。

かつみさん：じゃあ，一番早く滑り始めるには，最初に イ に乗ればいいね。

じゅんさん：よし，これ以上お客さんが増えないと仮定して，どんなコースを滑るか計画を立ててみましょう。

まことさん：修学旅行生はオープンと同時にゴンドラに乗り始めるとして考えよう。定員10人のゴンドラAは10台のゴンドラに合計100人まで乗せて動くことができるから，最初に本州高校の生徒全員が乗るまでに10分間待つことになるね。そのままコースDを全員が滑り下りてきたときには並ばずにゴンドラAに乗れるね。でも，定員5人のゴンドラCは5台のゴンドラに合計25人までしか乗せて動くことができず，コースFでは25人までコース上にいることができる計算になるから，最初に九州高校の生徒が全員乗るまでにゴンドラCの乗り場で ア 待つことになるね。そのままコースFを滑り降りてきた後は，どの生徒も ウ の待ち時間になるはずだよ。

じゅんさん：まことさんの計算をもとに，①私は滑っていられる時間が一番長いルートを考えてみたいな。

かつみさん：②私は全コースを滑るルートを考えたいな。

まことさん：でもね，せっかく来たので，まずは3人とも冬休み明けのスキーのテストで自分が使うコースだけをそれぞれで練習しよう。ルートを考えて3人分のメモを作ってみるよ。

【まことさんのメモ】

かつみ	じゅん	まこと
テストのコース　D	テストのコース　E	テストのコース　F
使うゴンドラ　　A	使うゴンドラ　　B	使うゴンドラ　　C
	（最初だけA）	

かつみさん：もし，オープンからゴンドラAかゴンドラCの乗り場で修学旅行生の後ろに並んだとしたらどうなるかなあ。

まことさん：私のメモのとおり滑ると，オープンから2時間後の12時には，かつみさんは合計 エ 滑ってゴンドラAの降り場にいるね。じゅんさんは合計70分間滑って2時間後には オ にいるね。私は合計25分間滑って カ にいることになるよ。

じゅんさん：まことさんは自分がゴンドラに乗ることで，混み具合が変わることまで計算してるんだね。すごいね。

かつみさん：じゃあ，まことさんの計画どおりに滑ってみて，実際にどのようになるか確かめようよ。12時になったらできるだけ早く，レストランに集合しましょう。計算では，たどり着く順番は，1番目は キ ，2番目は ク ，3番目は ケ になるね。

(1) **ア** ～ **エ** に当てはまる時間かゴンドラ名を書きましょう。

(2) **オ**，**カ** に当てはまる場所を書きましょう。

(3) **キ** ～ **ケ** に当てはまる名前を書きましょう。

　　なお，コースEの終着点からレストランまで，ゴンドラCの降り場からレストランまでの移動時間はいずれも5分間とします。

(4) 下線部①について，オープンの時間からちょうど60分間で，滑っていられる時間が一番長くなるルートを考え，例にならってルートの順番をアルファベットで書きましょう。

　　なお，最初はゴンドラAかゴンドラCの乗り場で修学旅行生の後ろに並ぶこととします。

> 例：　ゴンドラ○，コース○，ゴンドラ○・・・のルートの順番は，○→○→○→・・・・
>
> 　　（○はアルファベット）の形で書きましょう。
>
> 　　なお，解答には同じ記号を何度用いてもかまいません。

(5) 下線部②について，各コースを一度ずつ滑って，オープンからちょうど70分間で滑り終えるルートを考え，(4)の例にならってルートの順番をアルファベットで書きましょう。

　　なお，最初はゴンドラCの乗り場で修学旅行生の後ろに並ぶこととします。

2　次の図や説明文をもとに，(1)から(5)の問いに答えましょう。

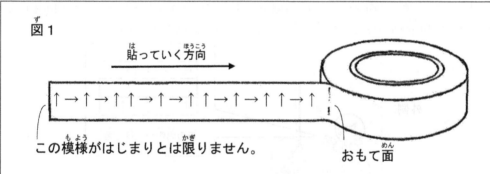

図1

上の図1のような連続する模様が規則正しく印刷されたテープがあります。

ただし，模様はうら面からも見ることができます。

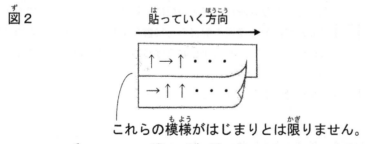

図2

　このテープを図2のとおり，左から右へ板に貼っていきます。テープはある長さで切り，上の段から順にすき間なく重ならないように貼ります。このとき，テープは切ったところからすぐに使い続け，上の段と同じ長さで貼っていきます。

(1) 前のページの図1のテープを前のページの図2にならって貼ると，次の①～③の図のようになりました。

□に入る模様を解答らんにそれぞれ書きましょう。

①   ②   ③

(2) 図1のテープを図2にならって，次の④と⑤の図のように貼ったとき，□で囲んだ部分の模様を解答らんにそれぞれ書きましょう。

④   ⑤
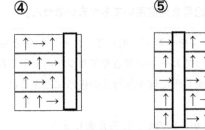

(3) 図1のテープを，透明なガラス板に外側から図2にならって貼りました。それを下の図のようにガラス板の内側から見たとき，□に入る模様を解答らんに書きましょう。

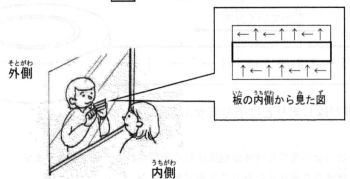

(4) 図1のテープを，次に説明するとおり5段目まで薄い板に貼りました。板のおもて面から見た図（次のページ）の□で囲んだ部分の模様を解答らんに書きましょう。テープの切れ目は示していませんので，それぞれの段において，どこから貼りはじめるかは，板のおもて面から見た図をよく見て考えてください。

なお，板の厚さは考えず，板は透きとおらないこととします。

> **説明**
> ・左から右へ，薄い板を一周するように貼っていきます。
> ・上の段から順にすき間なく，重ならないように貼っていきます。
> ・テープは切ったところからすぐに使い続けます。
> ・次の段の貼りはじめは，上の段の貼りはじめより右にずらします。

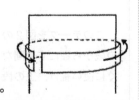

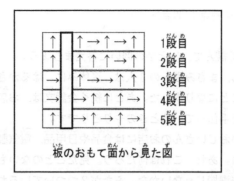

⑸ 図3のような模様が規則正しく印刷された別のテープがあります。

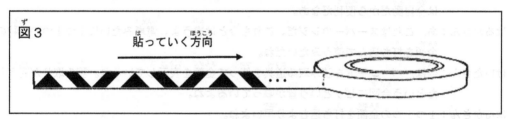

図3

貼っていく方向

このテープを下の図のように，外側から渦巻き状にすき間なく重ならないように板に貼っていきます。テープは切ったところからすぐに使い続けます。すべて貼ったとき，□□□□に入る模様を解答らんに書きましょう。

なお，下の図の矢印の向きは，テープを貼っていく方向を表しています。

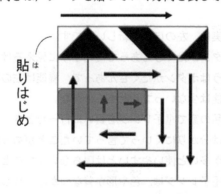

【適性検査Ⅱ】（45分）　＜満点：100点＞

1　次の文章と会話文をよく読んで，⑴と⑵の問いに答えましょう。

　　はるかさん，けいたさん，まさみさんの３人は，夏休みに，はるかさんのおじいさんが経営しているお店の手伝いをすることになりました。あとに続く会話文は，お店の倉庫にある商品や古い道具やものの整理・整とんを手伝っているときのやりとりです。

まさみさん：はるかさんのおじいさんのお店には食品や日用品，電気製品など，色々なものが売っているんだね。あれ，これは何だろう。見たことのないものがあるよ。

けいたさん：それは昔の洗濯機じゃないかな。ふたが２つついているね。これは，えーと，洗濯するところと脱水するところが分けられているのかなあ。面倒な感じだね。今の洗濯機は全自動だから便利だなあ。

はるかさん：あ，これはスーパーのレジだ。これも今とは違うよ。電卓みたいに１つ１つの品物の金額を打ち込んで使うみたいだね。

けいたさん：今は，バーコードを読み取る道具を使って金額を表示しているね。読み取りが完了したという合図にピッという音が鳴っているよね。

はるかさん：１つ１つの金額を打ち込むより早いよね。
　　　　　　この前，かごを置いただけで合計金額が表示されたお店があってびっくりしたよ。

まさみさん：それはすごい進化だね。会計を待つ時間がすごく短くなるよね。

はるかさん：けいたさん，まさみさん，私からクイズを出します。右の電子レンジと左の電子レンジはどちらが新しいでしょう。

まさみさん：右のほう。

はるかさん：残念でした。実は，左のほうが新しいんです。

まさみさん：本当なの。ボタンがたくさんあって便利そうに見えるけど。

はるかさん：確かに右のほうはボタンがたくさんあって，機能は左のほうより多いね。

まさみさん：新しいのに機能は少ないってことあるのかな。

けいたさん：そういえば，私の家で電子レンジを買いに行ったとき，お母さんが，操作ボタンがたくさんあるのは分かりにくいって言っていたことがあったよ。

まさみさん：そうか。機能が多いと使いやすいとは限らないってことだね。

けいたさん：それと，左の電子レンジは，色や形が昔なつかしい感じに作られているよね。まさみさんが間違えたのは私も分かるよ。

はるかさん：私ならおしゃれな感じがするから，買うなら左の電子レンジかな。

けいたさん：買うかどうかの決め手は，機能だけではないということなんだね。道具やものは，目的に応じた工夫をして進化しているということだね。

まさみさん：じゃあ，私からもクイズを出します。あっちの古いほうの電気ポットは，上のボタンを押しただけでお湯が出るけど，こっちの新しいほうの電気ポットは，この解除ボタンを押してからお湯のボタンを押す仕組みになっているよ。何故だと思う。

はるかさん：それはやけどをしないためだよね。もしも幼い子どもが間違えて押したら危ないよね。

まさみさん：正解です。わざわざ面倒にしているんだよ。

けいたさん：あ，同じようなことが，学校の非常ボタンにも言えるよ。担任の先生が，以前の非常
　　　　　　ボタンは強い力でそのまま押すとすぐに鳴る仕組みだったと言っていたよ。今のボタ
　　　　　　ンは上にカバーが付いているよね。

はるかさん：私たちが間違えて触ってしまったときのことを考えているんだね。

けいたさん：では，私からのクイズです。この白い時計に比べて黒い時計にはどんな工夫がされて
　　　　　　いるでしょう。

はるかさん：どれどれ。2つとも同じ時計に見えるけど。あっ，黒い時計にはソーラーパネルが付
　　　　　　いている。

まさみさん：ソーラーパネルって，光で充電できる機能だね。腕時計にも同じ工夫をしているもの
　　　　　　があるね。そうか，光で充電できたら，電池を替えたり，電気を使って充電したりし
　　　　　　なくていいから，エネルギーを大切にするための工夫といえるね。

けいたさん：それに光があれば使えるから，災害時など停電している時にでも使用するための工夫
　　　　　　ともいえるね。

はるかさん：そういえば低学年の時，台風で地域の施設に避難したことがあったけど，光で充電で
　　　　　　きる道具はありがたかったなあ。

けいたさん：道具やものの工夫を，夏休みの自由研究にしてみようかな。

(1)　3人の会話を参考にして，道具やものに加える具体的な工夫とそのときの目的について，次に
す例にならって，他の人に伝わるような文で5つ書きましょう。なお，会話文の内容と同じ道具
やもののことを書いても，あなたが思いついたことを書いてもかまいません。

例

道具やもの	工夫	目的
コーヒーカップ	素材をクッキー生地にする。	コーヒーを飲んだ後に食べられるので、紙などのゴミを減らす。

(2)　けいたさんは，夏休みの自由研究として，「道具やものの工夫と進化」について探究することに
し，お店の倉庫にあったものを参考に候補となる次のページの<道具やものの一覧>を作成しま
した。けいたさんは，この中から道具やものを2つ選び，<探究テーマとその取組>を書きまし
た。

　あなたが「道具やものの工夫と進化」について探究するとしたらどのように書きますか。けい
たさんの文を参考にして，取り組んでみたいテーマとその取組を考えて書きましょう。

　なお，次の<条件>に従って書きましょう。また，(2)の問いの解答は，<採点の基準>に従っ
て採点されますので，<採点の基準>もよく読んでから答えましょう。

<条件>

ア　150字以上，200字以内で書いてください。「。」や「、」も1字として数えます。

イ　<道具やものの一覧>から必ず2つ取り上げてください。

ウ　条件イで選んだ2つの道具やものから考えた探究テーマを書いてください。

エ　その探究テーマについての取組を書いてください。

オ　条件エに従って書いた取組について，さらに発展的な探究活動につながるような新たな
　　視点を書いてください。

＜道具やものの一覧＞

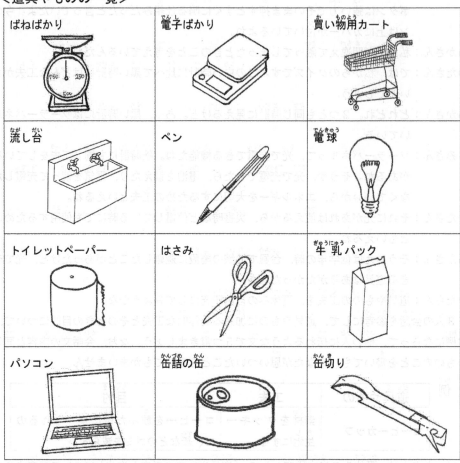

ばねばかり	電子ばかり	買い物用カート
流し台	ペン	電球
トイレットペーパー	はさみ	牛乳パック
パソコン	缶詰の缶	缶切り

＜けいたさんの探究テーマとその取組＞

私は，ばねばかりと電子ばかりを選びました。探究テーマは「より正確に重さを測るための道具の進化について」です。ばねばかりで測ると同じ重さのものであっても，電子ばかりではそれらの重さにわずかな違いがあるかどうかを調べ，「測る道具」の進化について探究したいです。さらに，「測る道具」の進化を長さや高さを測る道具についても調査し，重さを測る道具と同様の進化があったかどうかについて探究したいです。（194字）

<採点の基準> ※項目ごとに次の表に示された得点が与えられます。

字　数	5点		0点	
	条件どおりである。		条件どおりでない。	
	25点	**20点**	**10点**	**0点**
あなたが考えた探究テーマとその取組	選んだ２つの道具やものとそれらの道具やものに関連性のある探究テーマが書かれており、その探究テーマについての取組が書かれている。さらに発展的な探究活動につながるような新たな視点が書かれている。	選んだ２つの道具やものとそれらの道具やものに関連性のある探究テーマが書かれており、その探究テーマについての取組が書かれている。	選んだ２つの道具やものとそれらの道具やものに関連性のある探究テーマが書かれている。	選んだ２つの道具やものとそれらの道具やものに関連性のある探究テーマが書かれていない。

※下の原稿用紙は下書き用なので，使っても使わなくてもかまいません。解答は，解答用紙に書きましょう。

※◆の印から，横書きで書きましょう。途中で行を変えないで，続けて書きましょう。

※「。」や「，」も1字として数えるので，行の最後で右にますがないときは，ますの外に書いたり，ますの中に文字と一緒に書いたりせず，次の行の初めのますに書きましょう。

(下書き用)

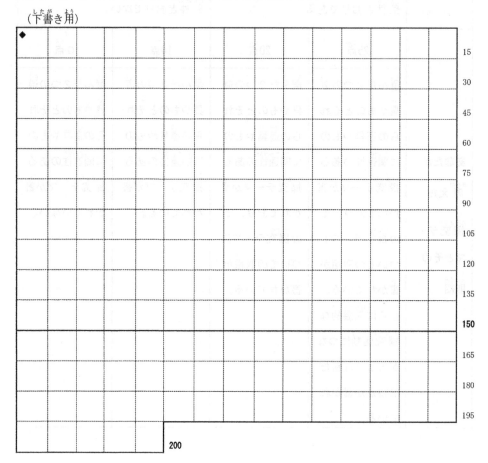

2 次の文章をよく読んで，⑴と⑵の問いに答えましょう。なお，この問題の解答は，＜採点の基準＞に従って採点されますので，＜採点の基準＞もよく読んでから答えましょう。

　あきらさんの学校で，手洗い場の床が毎日水でぬれていることが問題になり，委員会で話し合うことになりました。委員会の中では，ハンカチを学校に持ってこない人が多いことが原因ではないかという意見が多く出されました。その対策として，児童会の予算を使って手をふくための使い捨ての紙タオルを買い，手洗い場に置いてはどうかという提案が出されました。その提案に対して，賛成意見と反対意見の両方が出されました。

⑴ 手洗い場に紙タオルを置いてはどうかという提案について，賛成意見の人と反対意見の人は，それぞれどのような理由で意見を述べていると考えられますか。あなたがそれぞれの立場に立って考えた理由を2つずつ書きましょう。

<採点の基準>

	10点	5点	0点
賛成意見	賛成意見として筋がとおっている2つの異なる理由が書かれている。	賛成意見として筋がとおっている理由が1つ書かれている。	賛成意見として筋がとおっている理由が1つも書かれていない。
	10点	5点	0点
反対意見	反対意見として筋がとおっている2つの異なる理由が書かれている。	反対意見として筋がとおっている理由が1つ書かれている。	反対意見として筋がとおっている理由が1つも書かれていない。

(2) 手洗い場に紙タオルを置いてはどうかという提案について，多数決をとってみたところ，賛成と反対は全くの同数でした。

　あきらさんは，自分の意見に反対する人を納得させる具体的な方法を加えて，自分の意見を提案しようとしています。あなたがあきらさんだったら，どのような意見を提案しますか。

　次の<条件>に従って書きましょう。

<条件>

ア　100字以上，150字以内で書いてください。「。」や「、」も1字として数えます。
イ　紙タオルを置くか置かないかについて，あなた自身の立場を筋のとおった理由とともに明らかにしてください。
ウ　あなたの意見に反対する人を納得させようとする具体的な方法を筋のとおった理由とともに提案してください。

<採点の基準>※項目ごとに次の表に示された得点が与えられます。

	10点	0点	
字数	条件どおりである。	条件どおりでない。	

	10点	5点	0点
あなたの立場	あなたの立場が筋のとおった理由とともに書かれている。	あなたの立場は書かれているが、筋のとおった理由が書かれていない。	あなたの立場が書かれていない。
あなたの意見に反対する人を納得させようとする方法	あなたの意見に反対する人を納得させようとする具体的な方法を提案しており、筋のとおった理由も示されている。	あなたの意見に反対する人を納得させようとする具体的な方法を提案しているが、筋のとおった理由が示されていない。	あなたの意見に反対する人を納得させようとする具体的な方法を提案していない。

※下の原稿用紙は下書き用なので，使っても使わなくてもかまいません。解答は，解答用紙に書きましょう。

※◆の印から，横書きで書きましょう。途中で行を変えないで，続けて書きましょう。

※「。」や「、」も1字として数えるので，行の最後で右にますがないときは，ますの外に書いたり，ますの中に文字と一緒に書いたりせず，次の行の初めのますに書きましょう。

（下書き用）

2021 年 度

解 答 と 解 説

《2021年度の配点は解答欄に掲載してあります。》

＜適性検査Ⅰ問題解答例＞

1 (1) ア　20（分間）
   イ　（ゴンドラ）A
   ウ　10（分間）
   エ　50（分間）

 (2) オ　ゴンドラBの乗り場
   カ　ゴンドラCの乗り場

 (3) キ　じゅん（さん）
   ク　まこと（さん）
   ケ　かつみ（さん）

 (4) A→E→B→E→B→E または，A→E→B→E→B→D

 (5) C→F→A→D→A→E

2 (1) ① ↑→↑

   ② ↑→↑→

   ③ ↑↑→↑

 (2) ④　　　　⑤

 (3) ↑↑←↑←↑↑

 (4) →

 (5)

○配点○

1 (1) 各5点×4
 (2) 各5点×2（オ：「コースEの終着点」，「ゴンドラCの降り場」でも可）

（カ：「コースＦの終着点」，「ゴンドラＡの乗り場」，「コースＤの終着点」，「ゴンドラＣの乗り場の列の中」でも可）

(3) 5点（ケ：「私」，「自分」などかつみさんを表す表現でも可） (4) 5点 (5) 10点

② (1) 各5点×3（順番違い不可） (2) 各5点×2（順番違い不可）

(3) 5点（順番違い不可） (4) 10点（順番違い不可） (5) 10点（順番違い不可）

計100点

＜適性検査Ⅰ問題解説＞

重要 ① （算数：ゴンドラ，所要時間）

(1) どのゴンドラも１分間に１台が出発している。また，ゴンドラＣの１台当たりの定員が５人であるので，２つの情報を参考に考えると，**ア**は，100÷5＝20（分間）と求めることができる。よって，ゴンドラＡとゴンドラＣのうち，待ち時間が短いのはゴンドラＡであるため，**イ**はゴンドラＡとなる。**ウ**は，最初にゴンドラに乗っていた人たちが，ゴンドラの乗り場まで戻ってくるのにどれくらいの時間がかかるかを考える。ゴンドラＣの所要時間５分と，コースＦを滑り下りてくる５分をたして，10分かかる。ゴンドラＣに全員が乗るまでには，**ア**より，20分かかるので，**ウ**は，20－10＝10（分間）かかる。**エ**は，かつみさんが２時間のうち待ち時間をのぞいた時間でどれだけ滑ることができるかを考える。最初はゴンドラＡに乗るので，待ち時間は10分かかる。よって，２時間から10分をひいて残り110分となる。一度滑り下りた後，ゴンドラＡ→コースＤはゴンドラに乗る待ち時間が不要なので，ゴンドラに乗る10分とコースＤを滑る10分を合わせて，一周に20分かかる。110÷20＝5.5より，５周分と半分滑ったことになる。よって，**エ**は，10×5＝50（分間）とわかる。

(2) じゅんさんは，最初ゴンドラＡを利用するので待ち時間は10分である。よって，２時間から10分をひいて残り110分となる。滑っている時間の合計は70分であり，コースＥを滑るのにかかる時間は10分なので，７回コースＥを滑っていることがわかる。これよりゴンドラＢには６回乗ったとすると，ゴンドラＡ→コースＥ，そこからゴンドラＢ→コースＥを６周分行ったことになる。これらにかかる時間は10＋10×7＋5×6＝110（分間）である。したがって，**オ**の答えはゴンドラＢの乗り場所となる。まことさんは，最初はゴンドラＣに乗るので待ち時間は20分である。よって，２時間から20分をひいて残り100分となる。滑った時間が合計25分であり，コースＦの滑る時間は５分なので，コースＦを５回滑っている。よって，ゴンドラＣ→コースＦ＋待ち時間20分を５周したことになる。ここで，最後は待ち時間20分間がいらないことに注意する。よって，20×4＋5×5＋5×5＝130より，**カ**の答えはゴンドラＣの乗り場となる。

(3) 12時時点で，じゅんさんはコースＥの終着点にいるので，レストランまで５分，まことさんはゴンドラＣの乗り場にいるので，（ゴンドラＣの所要時間＋レストラン）までで10分，かつみさんはゴンドラＡの降り場にいるので，（コースＤを滑る時間＋まことさんの所要時間）分かかる。よって，**キ**はじゅんさん，**ク**はまことさん，**ケ**はかつみさんとなる。

(4) まず，最初にゴンドラＡかゴンドラＣのどちらを選ぶかは待ち時間に着目して考える。ゴンドラＡのほうが待ち時間が短いので，最初はＡ。ここから，コースＤ→ゴンドラＡか，コースＥ→ゴンドラＢにするか考えたとき，ゴンドラに乗っている時間が短いコースＥ→ゴンドラＢのほうがよい。合わせて60分になるように考えるとＡ→Ｅ→Ｂ→Ｅ→Ｂ→Ｅとなる。最後はＤを滑り下りてもかかる時間は10分で変わらない。

(5) 最初にゴンドラＣに乗るという指定があるので，70分のうち待ち時間20分を差しひくと残り

は50分となる。このうち，コースD，E，Fを滑り下りるのに25分かかる。よって，ゴンドラに乗っている時間は，50−25＝25（分）となる。ゴンドラに乗っている時間がぴったり25分で，かつ，一筆書きになるようにコースを考えていくと，求めるルートが決まる。ゴンドラCには2回目でも待ち時間がかかることに注意する。

2 （算数：テープ）

(1) (2) 図1の模様から隠されていない部分の模様を見つけだし，その間や前後にある模様に着目する。

(3) 内側から見たときと左右対称の状態になっていることに注意して書く。

(4) どこがスタートになっているのかを各段確認し，(1)のように着目して書く。

(5) 図をそれぞれ ◥ ◢ ◿ のように分ける。貼り始められている部分はこのパターンで分けると5つに分けることができる。つまり，板は5×5マスの正方形だと考えられるので，図3の模様を参考にあてはめていけばよい。

★ワンポイントアドバイス★

図形をうまく利用して解答できるかを問われる問題が多い。図を自分なりにメモしてわかりやすくしたり，多角的にとらえたりしながら答える。

＜適性検査Ⅱ問題解答例＞

1 (1)

道具やもの	工夫	目的
スーパーのレジ	バーコードで商品を読み取るようにする。	買い物をする人の待ち時間を短くする。
洗濯機	洗濯するところと絞るところを分けずに一つにする。	洗濯する人の労力を減らす。
電子レンジ	ボタンの数を必要最低限にする。	機能をシンプルにして分かりやすく，使いやすくする。
非常ベル	カバーを付ける。	誤作動を防止する。
腕時計	ソーラーパネルを付ける。	電池を替える手間をはぶく。

(2) 私は，缶詰の缶と牛乳パックを選びました。探究テーマは「開けやすさへの工夫の進化」です。缶詰の缶も牛乳パックも開けやすい工夫がされています。それぞれをより簡単に開けるためには，どのような工夫がされているか確かめたいです。さらに，開けやすさだけではなく，ものの強度を保つ工夫についても調べ，強度を保ちながら簡単に開けられるように進化させるための工夫について探求したいと考えました。

2 (1) 賛成意見
・紙タオルがあれば，みんなが手をふくので床がぬれなくなるから。
・汚れたハンカチを使うことがなくなり，清潔になるから。
　反対意見
・紙タオルをあてにして，ハンカチを持ってこない人が増えるから。

・たくさんの紙を捨てることになるので，地球環境に悪い影響があるから。

(2) ・汚れたハンカチを使う人への感染症予防やハンカチを忘れた人のために，紙タオル
を置く。最初は一人百円ずつ費用を集めるが，ポスターを作成して清潔なハンカチ
を持ってくるように呼びかける。そうすることで，紙タオルの使用量や集める費用
も減らすことができ，みんなが清潔に過ごせるようになると思うから。

・みんながハンカチを持ってくれば，お金をかけずに解決できるので，紙タオルは置
かない。ハンカチ持参の呼びかけを行い，クラスどうしで競争する。ハンカチを持
参しない人が多かったクラスが手洗い場の床ふきを担当する。そうすると，床がき
れいになるし，だんだんと多くの人がハンカチを持ってくるようになると思うから。

○配点○
① (1) 各4点×5(解答例以外でも「道具やもの」，「工夫」，「目的」に関連性があり，整合性が
とれていれば，正解とする。) (2) 30点
② (1) 20点 (2) 30点 計100点

＜適性検査Ⅱ問題解説＞

① (社会：ものの進化)
(1) 道具やものがどのような目的で工夫がなされるとよいのかを，三人の会話や自分の日常生活
などを参考にして書く。
(2) (1)の考えを活かし，まずどのような工夫がされているかを考える。工夫からどのような探求
テーマを立てることができるか，新たな視点からとらえられるかどうかについて考え，記述す
る。新たな視点を発見するときに，選んだ道具やもののみにとらわれないように注意する。

重要 ② (国語：意見発表)
(1) 手洗い場の床がぬれているのはなぜか，自分の考えをもつ。その考えが，「手をふくための使
い捨ての紙タオルを買い，手洗い場に置いてはどうか」という提案に対して，賛成意見に近い
のか，反対意見に近いのかを考え，どちらかの意見を記述する。最初に記述した意見と逆の意
見を記述する際には，自分の考えの欠点を考える。そこからもう一つの意見を導き出すとよい。
(2) (1)で考えた自分の考えの不足を補うアイデア，また自分の考えと反対の意見をもっている人
に不足している点を想定して考える。その点を言及しながら，(1)で考えた自分の意見をもとに
し，筋の通る文章を制限字数内で簡潔にまとめる。

★ワンポイントアドバイス★
自らの意見とアイデアを融合させて新たな視点につなげ，自分の考えを書かせる
問題が多い。矛盾が生まれないように，根拠と意見をしっかりと区別し，自分な
らではのアイデアを取り入れながら答える。

2020年度

入 試 問 題

2020年度

市立札幌開成中等教育学校入試問題

【適性検査Ⅰ】 （45分） ＜満点：100点＞

1 かずきさん，あいこさん，こうきさんの3人は，カードを使ってマスを進んでいくゲームを行いました。

ゲームの説明書とゲーム中の会話文をよく読んで，(1)から(5)の問いに答えましょう。

＜ゲームの説明書＞

ア ゲームの手順

①3枚のカードにそれぞれ1，2，3と書いて，カードを裏返しにして，よく混ぜます。

②1人1枚ずつカードを引きます。

③選んだカードに書いてある数字の分だけ3人同時にマスを進みます。

④誰かがゴールするまで①から③を繰り返し，ゴールしたときに「ゴール」と言います。

イ ゲームのルール

・カードを引いて進んだマスの指示には必ず従います。ただし，そのマスの指示で進んだ場合，進んだ先のマスにある指示は無視します。

・複数の人が同時にゴールすることもあります。

・ゴールのマスを通りすぎた場合もゴールとなります。

あいこさん：まず，練習コースでゲームの練習をしてみましょう。

練習コース

A	B	C	D	E
スタート	3マス進む	2マス進む		ゴール

かずきさん：では最初にカードを私が混ぜますね。（カードを混ぜる。）

こうきさん：カードを引きましょう。

（3人ともカードを引き，自分の進んだマスを確認する。）

こうきさん：ゴール！！

あいこさん：私もゴール！！

かずきさん：私はゴールできませんでした。

こうきさん：なるほど，この練習コースは ア のカードを引いた人だけがゴールできないコースですね。

あいこさん：では，本番コースに挑戦しましょう。

本番コース

A	B	C	D	E	F	G	H	ゴール
スタート	2マス進む	1マス進む	3マス進む		3マス進む			

あいこさん：では今度は私が混ぜますね。

（カードを混ぜて並べ，3人ともカードを引き，自分の進んだマスを確認する。）

かずきさん：私は次に2か3のカードを引いたらゴールです。

あいこさん：私は イ のマスだから，ゴールは遠いですね。

こうきさん：私も イ のマスにいますが，私たちも次のカード次第ではゴールできるかもしれませんよ。

あいこさん：次はこうきさんにカードを混ぜてもらっていいですか。

こうきさん：いいですよ。

（カードを混ぜて並べ，3人ともカードを引き，自分の進んだマスを確認する。）

かずきさん：ゴール！！

あいこさん：ゴール！！

こうきさん：私はゴールできませんでした。

あいこさん：①2人同時にゴールしましたね。

かずきさん：もう1回この本番コースでゲームをやりましょう。

あいこさん：次は，説明書にある3枚のカードに新たなカードを1枚加えて，新たなやり方で挑戦しましょう。

こうきさん：おもしろそうですね。

かずきさん：どんなカードを加えたらいいと思いますか。

こうきさん：「1マス戻るカード」なんてどうでしょう。

あいこさん：いいですね。1マス戻るカードをMとしましょう。それではカードは1，2，3とMの4枚にして，もう一度ゲームを行いましょう。

かずきさん：Mのカードを引いて1マス戻った場合でも，ゲームのルールには従いましょう。それから，AのマスにいるときにMのカードを引いた場合は動かないことにしましょう。

あいこさん：わかりました。

こうきさん：わかりました。

かずきさん：それでは，はじめましょう。最初にカードを私が混ぜますね。

（カードを混ぜて並べ，3人ともカードを引き，自分の進んだマスを確認する。）

あいこさん：私のカードは1でした。誰も引かなかったカードは3のカードでしたね。

こうきさん：2回目は私が混ぜますね。

（カードを混ぜて並べ，3人ともカードを引き，自分の進んだマスを確認する。）

こうきさん：2回目では誰もゴールしなかったですね。

かずきさん：私は1回目はM，2回目は2のカードを引きました。

あいこさん：②Gのマスにいる私（わたし）が2回目（かいめ）が終（お）わった時点（じてん）でゴールに1番近（ばんちか）いのは，2回目で3の
カードを引（ひ）いたおかげです。

こうきさん：私（わたし）はCのマスの指示（しじ）に一度（いちど）だけ従（したが）いました。それでは3回目（かいめ）を行（おこな）いましょう。次（つぎ）で誰（だれ）
かゴールしそうですね。

（カードを混（ま）ぜて並（なら）べ，3人（にん）ともカードを引（ひ）き，自分（じぶん）の進（すす）んだマスを確認（かくにん）する。）

3人一緒（にんいっしょ）に：ゴール！！

あいこさん：③3人一緒（にんいっしょ）にゴールできましたね！！ちなみに3回目（かいめ）で余（あま）ったカードは3でしたね。

かずきさん：おもしろい結果（けっか）になりましたね。次（つぎ）はどんなゲームをしましょうか。

(1) ア に当（あ）てはまる数字（すうじ）を書（か）きましょう。

(2) イ に当（あ）てはまるアルファベットを書（か）きましょう。

(3) 下線部（かせんぶ）①のとき，3人が2回目（かいめ）に引（ひ）いたカードの数字（すうじ）を書（か）きましょう。

(4) 以下（いか）の説明文（せつめいぶん）は，下線部（かせんぶ）②のとおり，あいこさんがゴールに1番近（ばんちか）い理由（りゆう）を会話文（かいわぶん）の内容（ないよう）をもとに説明（せつめい）した文章（ぶんしょう）です。

　　 ウ ， エ に当（あ）てはまる数字（すうじ）またはアルファベットを書（か）きましょう。

> **説明文（せつめいぶん）**
>
> 　かずきさんは1回目（かいめ）が終（お）わった時点（じてん）でAのマスに，2回目（かいめ）が終（お）わった時点（じてん）でDのマスにいるので，あいこさんには追（お）いつけません。
>
> 　こうきさんは1回目（かいめ）で ウ のカードを引（ひ）いてDのマスにいて，2回目（かいめ）はゴールしなかったので エ のカードを引（ひ）いていません。したがって，こうきさんは エ 及（およ）びあいこさんが引（ひ）いた3以外（いがい）のカードを2回目（かいめ）で引（ひ）いたので，あいこさんに追（お）いつけません。
>
> 　以上（いじょう）のことから，2人（ふたり）ともあいこさんよりゴールの近（ちか）くにはいないことが分（わ）かります。

(5) 下線部（かせんぶ）③のとき，3人（にん）が3回目（かいめ）に引（ひ）いたカードの数字（すうじ）またはアルファベットを書（か）きましょう。

2 次（つぎ）の文章（ぶんしょう）や会話文（かいわぶん），図（ず）をもとに，(1)から(6)の問（と）いに答（こた）えましょう。ただし，解答（かいとう）を考（かんが）える際（さい）に，消（け）しゴムなどの道具（どうぐ）をサイコロとして使用（しよう）することを禁止（きんし）します。

（会話文（かいわぶん）・図（ず），問題（もんだい）は次（つぎ）のページにあります。）

　みずきさんたちは，サイコロの目（め）の数（かず）やマスの場所（ばしょ）について考（かんが）える問題（もんだい）1から問題（もんだい）5を解（と）いています。サイコロは，1から6までの目（め）の6面（めん）すべてがスタンプになっていて，進（すす）んだマスに目（め）のスタンプが押（お）されるようになっています。

　なお，問題（もんだい）を解（と）くにあたっては次（つぎ）に示（しめ）すいくつかの条件（じょうけん）があります。

> **条件（じょうけん）**　・全（すべ）ての問題（もんだい）は最初（さいしょ）のマスに ● （1の目（め））のスタンプが押（お）されたところから始（はじ）まる。
>
> 　　　　・サイコロは図（ず）に示（しめ）されたマス以外（いがい）の場所（ばしょ）や一度（いちど）スタンプが押（お）されたマスには進（すす）めない。
>
> 　　　　・サイコロの向（む）かい合（あ）う面（めん）の目（め）の数（かず）の合計（ごうけい）は7になる。

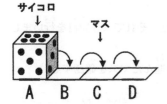

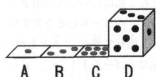

問題1

サイコロ

マス

A　B　C　D

（ヒント）

A　B　C　D

左の図の状態からサイコロを転がしていくと，Dのマスにスタンプが押されるサイコロの目の数は何かを答えましょう。

みずきさん：問題1の左の図のサイコロを右に3回転がしたあとの状況を示しているのが右の図のヒントだね。

ひかるさん：つまり，問題1では，「Dのマスには ⠿ （4の目）のスタンプが押されるので正解は4」ということだね。

あおいさん：このようにサイコロが進んでいくと，スタンプが押されるサイコロの目の数と順序は「1→3→6→4」と数字と矢印で表すことができるね。

みずきさん：サイコロが転がっていく様子をすべて頭の中で考えるのは難しいなあ。

あおいさん：そういう時は，次のメモのように，マスの中に，今スタンプが押されている数字のほかにも，隣の数字を書いていくと，次にスタンプが押されるサイコロの目の数が予想しやすいよ。

【あおいさんのメモ】

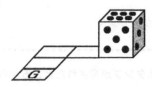

	2				2				2				2	
4	1	3		1	3	6		3	6	4		6	4	1
	5				5				5				5	

A　　　　　B　　　　　C　　　　　D

ひかるさん：さすが，あおいさん。そのやり方ならどちらに転がっても次の目の数が予想しやすいね。

問題2

G

図の状態からサイコロを転がしていくと，Gのマスにスタンプが押されるサイコロの目の数は何かを答えましょう。

みずきさん：問題2では，このままマスにそって転がしていけば，目の数と順序は「1→4→6→

5」となり，最後のGのマスのスタンプが押される目の数は「　ア　」になるね。

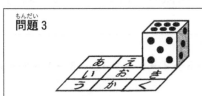

問題3

図の状況から転がして，スタンプが押される目の数と順序が「1→4→5→3→2」のとき，（3の目）のスタンプが押されたマスのひらがなは何かを答えましょう。

ひかるさん：問題3は，正解は「　イ　」だよね。

あおいさん：うん。答えはそれで合っていると思うけど，この問題は少しおかしいよ。

みずきさん：たしかに，正解は出せるけれど，条件をよく読むと，スタンプが押されることが不可能な目の数があるね。

ひかるさん：なるほど。きっと，これは問題の作成ミスだね。

問題4

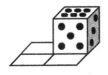 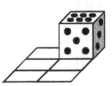

左の図と右の図について，同じマスを通らずにすべてのマスにスタンプを押すことのできるサイコロの目の数と順序を答えましょう。

あおいさん：問題4の左の図では，正解は「1→4→5→1」と「1→　ウ　→　エ　→　オ　」の2通りあるね。

みずきさん：問題4の右の図の正解は3通りあるね。その中でも，押されたスタンプの目の数の合計が一番大きくなる順序を考えると，目の数の合計は「　カ　」だね。

問題5

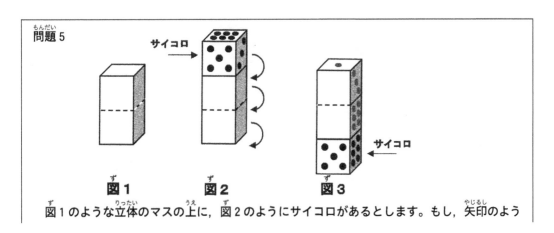

図1　　図2　　図3

図1のような立体のマスの上に，図2のようにサイコロがあるとします。もし，矢印のよう

> にサイコロを立体面に沿って転がすことができるとすると，図３のようにスタンプが押されます。
> スタンプを押すことが可能なマスが10か所ある図１の立体面のマスの全てにスタンプを押す場合，サイコロの目の数と順序を答えましょう。

みずきさん：問題５は，正解がたくさんあるね。私は「１→５→３→２→４→６→５→１→２→３」という順序にしてみたよ。

ひかるさん：私は「１→３→６→４→１→３→２→１→５→６」という順序を考えてみたよ。

あおいさん：私の考えた順序は「１→２→６→５→３→１→４→２→１→５」だよ。

(1) ア に当てはまる数字を書きましょう。

(2) イ に当てはまるひらがなを書きましょう。

(3) みずきさんが下線部のように述べた理由をスタンプが押されない目の数に触れながら，説明しましょう。

(4) ウ ， エ ， オ に当てはまる数字を書きましょう。

(5) カ に当てはまる合計の数を書きましょう。

(6) 問題５は３人がそれぞれ解答していますが，１人だけ間違っている人がいます。間違っている人の名前を書き，間違っている理由を具体的に書きましょう。その際，解答用紙の図を用いながら書いても構いません。

【適性検査Ⅱ】 （45分） ＜満点：100点＞

1 　はるかさん，ちはるさん，まさみさんの3人は，夏休みの自由研究で，かいせい市役所を訪問し，スポーツに関する会話をしています。次の会話文をよく読んで，⑴から⑶の問いに答えましょう。

はるかさん：かいせい市民は，どのくらいの人たちがスポーツをしているのですか。

市役所の方：かいせい市の調査では，40%の人たちがスポーツを日常的に行っています。今後は，もっとスポーツをする人たちを増やしていきたいと思います。

ちはるさん：どうしてですか。

市役所の方：スポーツをすると，「よいこと」がたくさんあるからです。

ちはるさん：でも，私はスポーツをするのが苦手です。

市役所の方：スポーツの良さは「する」ことだけではありません。他にもスポーツに親しむ方法があります。

ちはるさん：どんな方法ですか。

市役所の方：たとえば，□□□□□□などです。

ちはるさん：なるほど。それなら，スポーツをするのが苦手でもできそうです。

市役所の方：ここ，かいせい市は，スキー場や野球場などのスポーツ施設があるので，利用する人がもっと増えてほしいですね。

まさみさん：ところで，家族でスキーに行ったとき，私の両親が「昔はスキー場がもっと多くの人でにぎわっていた。」と言っていました。ウィンタースポーツに親しむ人は減っているのですか。

市役所の方：スキー以外にもウィンタースポーツは広まっています。しかし，かいせい市には，スキー場しかありませんので，かいせい市でウィンタースポーツに親しむ人は，最も多かった時とくらべて半分くらいになっています。

はるかさん：でも，外国人の方のスキー観光客は増えているのですよね。

市役所の方：そうですね。ここ数年ですごく増えていますよ。このあたりの雪質の素晴らしいことが，海外の方に広まっていて，たくさんの外国人の方がスキー場を訪れています。

ちはるさん：それはすごいですね。

市役所の方：スポーツを見に行くための旅行や，旅行先での観光，スポーツを支える人々との交流など，スポーツに関わる様々な旅行のことを「スポーツツーリズム」と言います。かいせい市では，このスポーツツーリズムが盛んになるように取り組む必要があると考えています。

まさみさん：夏のスポーツだけでなく，冬のスポーツでも本州や外国の方が来てくれているのですね。うれしいですね。

市役所の方：そうですね，観光客の方へのアンケート調査によると，かいせい市は，自然環境の豊かさや温泉施設が充実していることなどから，旅行に満足したとの回答をたくさんいただきました。しかし，課題としては，日本語が分からなくて困ったという意見や，看板などの案内や表示が分かりにくかったという意見などがありました。せっかく遠いところから来てくれている外国人の方に，より満足して帰ってもらうため，課題を改善して，

　　　　より楽しんでもらえるよう，いろいろな工夫をしていくことが必要だと考えています。

⑴　会話文中の下線部について，あなたなら，スポーツをするとどのようなよいことがあると考えますか。4つ書きましょう。

⑵　会話文中の空欄 ☐ について，スポーツをすること以外に，スポーツに親しむ方法には，どのような方法があると考えますか。具体的な競技の名前を例にあげながら，方法を2つ書きましょう。

⑶　かいせい市が「スポーツツーリズム」に取り組むことになった場合，あなたならどのような取組を提案しますか。市役所の方の話をもとに，あなたの考えを，目的（……のために）と具体的な取組内容（……をする）に分けて，4つ書きましょう。

　　　ただし，目的の部分には，同じ意味のことが重ならないようにしましょう。

2　次の文章をよく読んで，⑴から⑶の問いに答えましょう。

　　小学校6年生のゆうきさんは，北海道のスマイル町に住んでいます。スマイル町は農産物の生産が盛んで，その中でも，じゃがいもが特産品です。スマイル町の役場では，このじゃがいもを，スマイル町以外の人たちにもっと宣伝したいと考えています。そこで，秋のじゃがいもの収穫時期に合わせて，町の施設と農地を活用したイベントを企画しました。スマイル町で初のイベントとなる，「第1回未来へつながるスマイル町〜ほくほく祭り」です。このイベントには，役場の職員をはじめ，農家や地域の商店の人たち，ボランティアの人たちなどが，準備から当日の運営までを行いました。

　　ゆうきさんも，ボランティアとして参加することとし，ゆうきさんを含めて10人がボランティアとして参加しました。

　　イベント当日の運営内容と担当者は次の通りでした。

【イベント当日の運営内容と担当者】

┌─────────────────────────┐
│　じゃがいもやその他の野菜販売コーナー　│
└─────────────────────────┘
・じゃがいもの種類の説明・宣伝（役場の職員，ボランティア）
・じゃがいもや，その他の野菜の販売（商店や農家の人）

┌─────────────────────────┐
│　5つの品種のじゃがいも　食べ比べコーナー　│
└─────────────────────────┘
・食べ比べ用の商品の調理・販売（商店や農家の人）
・食事スペースの案内や後片付け、ゴミの整理など（ボランティア）

┌─────────────────────────┐
│　袋詰め放題！じゃがいも掘り体験コーナー　│
└─────────────────────────┘
・参加受付・道具の貸し出し（役場の職員，ボランティア）
・安全確認、じゃがいも掘り体験の補助（役場の職員，農家の人）

町内で作ったリサイクル品販売コーナー
・食用油から作った石けんの販売（役場の職員、商店の人） ・牛乳パックで作った紙製品の販売（役場の職員、ボランティア）

本部
・迷子などのトラブルやトイレ案内などの対応（役場の職員） ・駐車場や自転車置き場などの案内と整理（役場の職員） ・会場の各コーナーの宣伝など（役場の職員、ボランティア）

イベント終了後，ゆうきさんたちボランティアが集まって，イベントの中で気付いたことを付せんに書いて出し合い，来年のイベントに向けて，どのような工夫ができるかを整理して，役場の職員に伝えようと考えました。

【ゆうきさんたちボランティアが気付いたことを書いた付せん】

1	2	3
スマイル町からの参加が多く、町外からの参加がとても少なかった。	調理後に捨てなければならない油がたくさん出た。	自転車置き場がいっぱいで、自転車が歩道にはみ出していた。
4	**5**	**6**
具合の悪そうなお年寄りに声をかけ、家族の人を呼ぶことがあった。	ゴミの分別表示のとおりにゴミが捨てられていなかった。	迷子の子どもが親を待っているとき、相手をしてあげられず、本部で寂しそうにしていた。
7	**8**	**9**
じゃがいもの種類を説明する担当者は、とても忙しそうだった。	子どもがスープを服にこぼしてしまい、洗う場所をさがしている母親がいた。	中学生や高校生の参加が少なかった。
10	**11**	**12**
トイレの場所をたくさんの人に聞かれたが、すぐに対応できない場合もあった。	じゃがいも販売を担当する人が、調理方法も聞かれ、説明が大変そうだった。	食べ比べコーナーがとても混雑し、案内するのが大変だった。

13 調理の生ゴミがたくさん出た。	*14* ゴミ箱がすぐいっぱいになってしまった。	*15* リサイクルコーナーでは、紙製品があまり売れていなかった。
16 じゃがいも掘りで転んだ人がいて、泥だらけになって困っていた。	*17* 会場内に、車いすや高齢者の方が通行しにくい段差があった。	*18* 遠くから来た人たちが重いじゃがいもを持ち帰るのが大変そうだった。

　ゆうきさんたちは，気付いたことを書いたすべての付せんに番号を振り，5つに整理し表にまとめました。

【付せんを整理してまとめた表】

	付せんを整理する際の観点	付せんの番号
A	①	4・6・7・11
B	会場内の案内・表示に関すること	5・10
C	②	2・13・14
D	③	1・9
E	会場設営やイベント運営の方法に関すること	3・8・12・15・16 17・18

(1)　上の表の空欄 ① ・ ② ・ ③ に入る説明文を，B，Eの説明文を参考に考え，表を完成させましょう。

(2)　Eの「会場設営やイベント運営の方法に関すること」について，付せんで気付いたことを改善するためのアイデアを考え，例にならって具体的に3つ書きましょう。

例	付せんの番号	改善するためのアイデア
	3	自転車置き場の面積を今年より広くする。

(3)　ゆうきさんたちは，今回のボランティア体験の成果をまとめたレポートを作成するために話し合っています。その中で3種類の提案が候補としてあげられました。
　　次のページに示すレポートを作成するために，後半部分④から⑥の3種類の提案の候補の中か

ら，あなたの考える提案に近いものを1つ選び，その後半部分と意味がつながるように前半部分の文章を考えましょう。なお，文章を書くにあたっては，90字から120字の範囲で書きましょう。

【ゆうきさんたちがまとめたレポート】

※下の原稿用紙は下書き用なので，使っても使わなくてもかまいません。解答は，解答用紙に書きましょう。

※◆の印から，横書きで書きましょう。途中で行を変えないで，続けて書きましょう。

※「。」や「，」も1字として数えるので，行の最後で右にますがないときは，ますの外に書いたり，ますの中に文字と一緒に書いたりせず，次の行の初めのますに書きましょう。

（下書き用）

前半部分

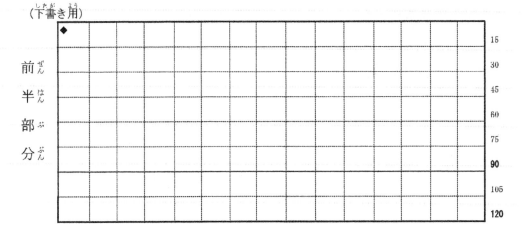

後半部分④
こうした課題を解決するために、私たちは次の提案をしたいと思います。会場内の案内や表示を分かりやすくするために、文字の大きさを工夫したり、写真やイラストも加えたりすると良いと思います。

後半部分⑤
こうした課題を解決するために、私たちは次の提案をしたいと思います。インターネットを使って様々な人たちにイベントを知ってもらうとともに、じゃがいもを送ることができるコーナーをつくると良いと思います。

後半部分⑥
こうした課題を解決するために、私たちは次の提案をしたいと思います。一部の担当者たちの負担が大きくなりすぎないように、今年のイベントの成果を発表する機会を設けたり、ボランティア募集のチラシを自分たちで作成したりするなどの活動に取り組み、ボランティアを増やしたいと思います。

大切なことはメモしておこうネ！

2020 年 度

解 答 と 解 説

《2020年度の配点は解答欄に掲載してあります。》

＜適性検査Ⅰ解答例＞

1 (1) 3

(2) D

(3) かずきさん 3
あいこさん 2
こうきさん 1

(4) ウ 2
エ 2

(5) かずきさん 2
あいこさん M
こうきさん 1

2 (1) 1

(2) か

(3) 最後の2のスタンプが押されるときに，マス以外の場所にはみ出てしまうから。

(4) ウ 5
エ 4
オ 1

(5) 24

(6) 間違っている人　ひかるさん
間違っている理由　①　一番底の面を4と5で2回スタンプしているから。
　　　　　　　　　②　図2の5の目の下にある面をスタンプしていないから。

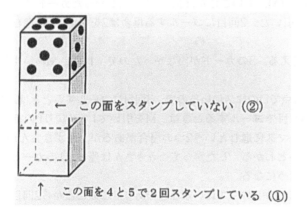

← この面をスタンプしていない（②）

↑ この面を4と5で2回スタンプしている（①）

○配点○

① (1)・(2) 5点×2　(3) 各5点×3　(4) 各5点×2　(5) 各5点×3

② (1)・(2) 5点×2　(3) 10点(マス以外の場所にはみ出ることのみの記述は5点)

(4) 10点(完答)　(5) 5点　(6) 間違っている人　5点　間違っている理由　10点

(①②のいずれかが書かれていれば正解。場所については図で示しても正解。2回スタンプ
している面があることのみの記述は5点を減じる。スタンプしていない面があることのみの
記述は5点を減じる。)　計100点

＜適性検査Ⅰ解説＞

① （算数：カードでゲームをする問題）

(1) 練習コースは、1を引いたらB「3マス進む」、2を引いたらC「2マス進む」に止まり、いずれ
もマスの指示に従うとEのゴールに進む。3を引くとDに止まるが、ここには何も書かれていな
いのでゴールできない。

(2) 本番コースは、最初の1回で1を引くとB→D、2を引くとC→D、3を引くとD→Gとマスを進
む。ここで同じマスに止まっている二人はDのマスにいるとわかる。

(3) Dのマスから2回目でゴールできるのは、2のカードを引いてFに進み、指示「3マス進む」に
従う場合である。また(2)から、かずきさんが現在Gのマスにいることがわかる。かずきさんは
2か3のカードを引けば2回目でゴールできる。よってかずきさんとあいこさんがゴールしたの
で、あいこさんは2、かずきさんは3を引いているとわかる。

 (4) 下線部②の時点で、2回目までに3人が引いたカードと止まったマスは、次の表のようになる。

	1回目 (引いたカード／止まったマス)	2回目
かずき	M／A	2／D
あいこ	1／D	3／G
こうき	2／D	1／E あるいは M／C
出なかったカード	3	1かM

問題文より、1回目にかずきさんはM、あいこさんは1を引き、出なかったカードは3なので、
こうきさんは1回目に2のカードを引いた。2回目にゴールする場合は2を引いてFに進む必要が
ある。

(5) 全員3回目でゴールすることを考える。3のカードが出なかったので、1、2、Mのいずれかの
カードを引く。

かずきさんは2回目が終わった時点でDのマスにいるので、3回目にゴールするときは2のカー
ドを引く。また、あいこさんが3回目でゴールするときは、Mを引いて1マス戻りFの指示に従
うか、2を引いてそのままゴールのマスに進むという2つの場合があるが、かずきさんが2を引
くのであいこさんはMを引いているとわかる。したがってこうきさんは残った1のカードを引い
たとわかる。表にまとめると次のようになる。

また、1を引いてゴールできるのはEかHのマスにいるときであり、このことから2回目のこう
きさんのカードは1だったこともわかる。

	1回目	2回目	3回目（ゴール）
かずき	M／A	2／D	2／ゴール
あいこ	1／D	3／G	M／ゴール
こうき	2／D	1／E	1／ゴール
出なかったカード	3	M	3

 ②　（算数：サイコロを転がす問題）

(1)　スタンプが押されるサイコロの目の数と順序は、「1→4→6→5→1」となる。

(2)　(3)え→お→かと動かすと4→5→3とスタンプを押すことができるので、3の目のスタンプが押されるマスのひらがなはか。ここで、問題3では最後に2のスタンプを押そうとしている。2のスタンプを押すときにはサイコロを手前の方向に転がすが、こうするとサイコロがマスを出てしまうので、2のスタンプを押すことができない。

(4)　問題4の左の図では、すべてのマスにスタンプを押すことが出来る道のりは、「左→下→右」というものと、「下→左→上」という2通りがある。このうち「左→下→右」のときが「1→4→5→1」という押し方になるので、「下→左→上」と進んだときのスタンプの押し方を考える。つまり、「1→5→4→1」となる。

 (5)　サイコロの転がし方は次の3通りである。

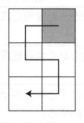 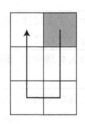 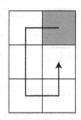

それぞれの目の数は、左から「1→4→5→1→3→5」「1→5→6→4→5→3」「1→4→5→3→1→5」である。よって目の数の合計が一番大きくなるのは中央の順序で転がしたときであり、その合計は1＋5＋6＋4＋5＋3＝24。

(6)　みずきさん、ひかるさん、あおいさんの転がした様子は次のようになる。

みずきさん　　　ひかるさん　　　あおいさん

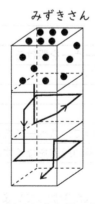 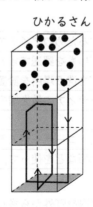 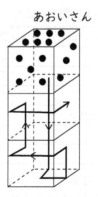

ひかるさんの転がし方を見ると、斜線部の面で間違いが起こっていることがわかる。一番底の面では4と5の2回スタンプをしており、またスタートの5の目の下にある面には一度もスタンプを押していない。

★ワンポイントアドバイス★

会話文のなかに条件が盛り込まれている設問となっている。また，条件によって複数の場合が考えられる設問も多く，思いつくたびにメモをとって考えを残しながら整理していくことが重要である。解答時間が45分と短いので，時間配分にも注意しながら解答したい。

＜適性検査Ⅱ問題解答例＞

1 (1) 体力がつく。／病気の予防になる。／長生きできる。
楽しみが増える。／日々の生活が楽しくなる。
人とのつながりができる。／経済が活性化する。
強い選手が育つ。／強い心が育つ。／技術が上がる。

(2) マラソン大会に，ボランティアとして参加する。
サッカーを観戦しに行き，応援する。

(3)

目的	取組内容
外国人観光客が日本語が分からず道に迷ったり，不安になったりしないために，	英語で書かれた看板を設置する。
より多様なスポーツに親しむ人を増やすために，	競技施設をたくさん建設する。
スポーツを支える人々と観光客が交流できるようになるために，	スポーツ選手と観光客が交流できるイベントを計画する。
観光客の方に，観光名所をより楽しんでもらうために，	観光施設を紹介するパンフレットを作成する。

2 (1) ①来場者や運営者の困りごとに関すること
②ゴミに関すること
③来場者に関すること

(2)

付せんの番号	改善するためのアイデア
18	じゃがいもを郵送できるコーナーを設ける。
16	手などを洗う場所を設置する。
12	ボランティアの数を増やす。
＜その他＞	
12	食べ比べコーナーが人気なので，スペースを増やす。
17	ベニヤ板などを使って，会場の段差をなくす。

(3) 選んだ提案 ④
このイベントにはスマイル町内や町外から多くの人が参加していましたが，ごみの分別表示が分からずにごみを捨てている人がいました。また，トイレの場所が分からずに困っている人もいましたが，ボランティアの人がすぐに対応できないことがありました。(117字)

選んだ提案　⑤

このイベントの目的は，スマイル町以外の人たちに特産品のじゃがいもを知ってもらうことでしたが，町外からの参加者が少なく，また，遠くから来た人たちが重いじゃがいもを持ち帰るのに苦労している姿も見られました。

選んだ提案　⑥

このイベントでは，役場の職員をはじめ，農家や地域の商店の人たち，ボランティアの人たちなどが運営しましたが，会場の案内や困りごとを抱えた人たちへの対応，ゴミの整理などたくさんの仕事があり，それぞれの担当者の数が足りなかったと思います。

○配点○

[1]　(1)　各5点×4(解答例以外であっても，設問の趣旨に沿う内容であれば，正解とする。)

　　(2)　各5点×2(競技名と方法が具体的に記載してあり，妥当な内容であれば，正解とする。)

　　(3)　各5点×4(市役所の方の話をもとに書かれていない場合には得点を与えない。目的と取組内容との間に整合性がなければ得点を与えない。目的が同じ意味である場合には，2つ目以降に得点を与えない。)

[2]　(1)　各5点×3(解答例以外でも，共通の観点に基づいて書かれていれば正解とする。)

　　(2)　各5点×3(付せんの番号とアイデアとの間に関連が認められない場合は得点を与えない。それぞれの改善案について具体性を欠く場合は得点を与えない。それぞれの改善案について表現が不十分で文意が伝わらない場合は得点を与えない。)　　計100点

＜適性検査Ⅱ問題解説＞

[1]　(国語，社会：地域とスポーツ)

　(1)　スポーツをすることでどのようなよいことがあるのかを，健康や社会とのつながりなど様々な観点から考えて書く。

　(2)　スポーツを「する」以外の方法であることに注意し，具体的な競技名と，自分は選手ではない前提で楽しむ方法を考えて具体的に記述する。

　(3)　スポーツツーリズムは外国人観光客を含む様々な旅行客が，スポーツを見に行ったりスポーツを支える人々と交流をしたりする旅行である。市役所の方の話をもとに，現在の問題点や不足している点から，目的と取組内容のつながりがしっかりあるように記述する。

[2]　(総合問題：地域のイベント，レポート作成)

　(1)　①の付せんの共通点は，誰か困っている人がいるという点である。4・6は参加者(来場者)で困っている人がいたという内容，7・11はスタッフで困っている人がいるという内容である。②の付せんの共通点は，ゴミや廃棄物に関する問題であるということである。③の付せんの共通点は，参加者の種類や数に関する問題であるということである。

　(2)　付せんに書かれた問題点と解決策の間に関連があるように注意する。例えば18の「遠くから来た人たちが重いじゃがいもを持ち帰るのが大変そうだった」という付せんでは，問題点は「じゃがいもを自分の手で持ち帰るしかない」ことであるから，解決策は「じゃがいもを郵送できるコーナーを設ける」となる。解答時はなるべく具体的な解決策が考えやすい付せんを選ぶとよい。

　(3)　後半部分④は「会場内の案内や表示を分かりやすくするために，文字の大きさを工夫したり，

写真やイラストを加えたりする」という内容である。この前半には，【付せんを整理してまとめた表】のB「会場内の案内・表示に関すること」のような内容が当てはまる。後半部分⑤は「インターネットを使って様々な人たちにイベントを知ってもらうとともに，じゃがいもを送ることができるコーナーをつくる」という提案である。これの前半部分は，付せん1や9の「参加者の少なさ」について述べており，後半部分は付せん18の「遠くから来た人たちが重いじゃがいもを持ち帰るのが大変」について述べている。全体を通して，参加者，特に遠方からの参加者を募るとともに，遠方からの参加者が困らないようにする，という内容になるようにする。後半部分⑥は【付せんを整理してまとめた表】のAにあたる内容が入る。いずれも，イベントのねらいやイベント終了後のボランティアの振返りをもとにして文字数内で簡潔にまとめる。

★ワンポイントアドバイス★

目的と取り組み内容，付せんとアイデアというように，自らの意見の中での一貫性を問われる問題が多い。矛盾が生まれないように，根拠と意見をしっかりと区別しながら答える。

2019年度
★★★★★★★★★★★★★★★★★★★★

入 試 問 題

2019年度

市立札幌開成中等教育学校入試問題

【適性検査Ⅰ】 （45分）　　＜満点：100点＞

1 次の文章と会話文をよく読んで，⑴から⑹の問いに答えましょう。

　ともみさん，たかしさん，よしこさんの3人は，「世界のゲームフェア」に行き，次のような表示が出ているゲームコーナーを見つけました。

> ## 推理ゲームコーナー
> ## 「ゲーム主人との会話から自分のカードを推理してみよう！」

　そのコーナーには，テーブルとイスがあり，「ゲーム主人」と書いた名札をつけた人が1人座っていました。

ともみさん：ゲーム主人さん，この推理ゲームに参加してみたいのですが，私たち3人が一緒に楽しむことはできますか。

ゲーム主人：やあ，いらっしゃい。3人が一緒だとちょうどいい。あまり人数が多いと推理が難しくなるからね。それでは，3人ともイスに座ってくれるかな。

　3人がイスに座ると，ゲーム主人は次のようにテーブルの上に7枚のカードの表をふせて並べました。

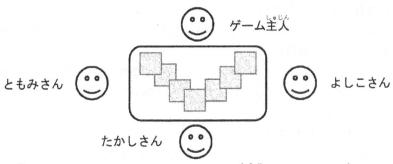

ゲーム主人：7枚のカードには，それぞれ0から5と10の数字のどれか1つが書いてあり，同じ数字のカードはありません。

全員：分かりました。

ゲーム主人：それでは，ともみさん，たかしさん，よしこさんの順番に1人1枚ずつ，好きなカードを選んで，私と他の2人にカードの表を見せてください。私と他の2人がカードの数字を確認したら，それぞれ，自分の前のテーブルの上に，カードの表をふせて置いてください。この時，他の2人の数字を忘れそうだなと思ったら，手元にある紙にメモをしてもいいです。ただし，絶対に他の人には見られないように注意してくださいね。

　ともみさん，たかしさん，よしこさんの順番にカードを選び，ゲーム主人と他の2人にカードの表を見せてから，それぞれ自分の前のテーブルの上にカードの表をふせて置きました。この時，よしこさんは，手元にある紙に次のようにメモしていました。

> ### 0、1、2、3、4、5、10のうち
> ### ともみさんは2、たかしさんは1、私は？

ゲーム主人：さあ，これで準備完了だ。これから，ともみさん，たかしさん，よしこさんの順番で，私に質問をしてください。ただし，私は，「はい」か「いいえ」としか答えません。みなさんは，私の答えを聞きながら，自分のカードの数字を推理してみてください。自分のカードの数字が分かったと思ったところで「チャレンジ」と言って答えてください。もし，その答えが間違っていた場合は1回休みとなり，次の自分の順番の時に質問ができなくなります。最も早く正解を言った人が勝ちです。では，ともみさんから質問をどうぞ。

ともみさん：全員のカードの数字を足したら7より大きい数ですか。

ゲーム主人：はい。

たかしさん：全員のカードの数字を足したら17より小さい数ですか。

ゲーム主人：①はい。

よしこさん：あっ，次の質問で，きっとチャレンジができると思うよ。
　　　　　　では，聞きます。私の数字は10ですか。

ゲーム主人：いいえ。

よしこさん：チャレンジします。

ゲーム主人：では，よしこさん，答えをどうぞ。

よしこさん：私の数字は　ア　です。

ゲーム主人：はい，正解です。今回は，よしこさんの勝ちです。では，それぞれ自分の前のカードを表にして数字を確認しよう。

ともみさん：そうか，私の数字は2だったんだ。もし，最初の質問の時に，私が「全員のカードの数字を足したら　イ　より大きい数ですか。」と聞いていたら，たかしさんは，どんな質問をしていたのかな。

たかしさん：それでも，私は同じ質問をしていたと思うよ。

よしこさん：そうなっていたら，私は，チャレンジを確信した質問はできずに，きっと，ゲームは2周目に入っていたね。

ゲーム主人：確かにそうだね。

(1)　下線部①について，この答えによって，よしこさんは自分のカードとして可能性のある数字を2つにまでしぼり込むことができました。その2つの数字を書きましょう。

(2)　ア　にあてはまる数字を書きましょう。

(3)　イ　にあてはまると考えられる数字のうち，この質問でゲーム主人が「はい」と言った場合に，ともみさん自身も可能性のある自分のカードを減らすことができる数字は1つだけです。その数字を書きましょう。

ゲーム主人：それでは，今度は1枚だけカードを変えてやってみよう。10のカードを☆という数字の
　　　　　　カードに変えてみるよ。☆という数字には，5を引くという作用があります。3人とも
　　　　　　分かったかな。

全員：分かりました。

ゲーム主人：それでは，先ほどと同じように，ともみさん，たかしさん，よしこさんの順番でカード
　　　　　　を選んでください。

　それぞれ3人は，ゲーム主人と他の2人に，選んだカードの表を見せてから，自分の前のテーブル
の上にカードの表をふせて置きました。

　今回のよしこさんのメモは次の通りでした。

> ０、１、２、３、４、５、☆のうち
> ともみさんは０、たかしさんは１、私は？

ゲーム主人：よし，それでは始めよう。今度は，私が，よしこさん，たかしさん，ともみさんの順番
　　　　　　に質問をするから，そのやりとりを聞きながら，自分の数字を推理してみよう。分かっ
　　　　　　たところで「チャレンジ」と言って答えを言うのは同じだ。まずは全員に同じ質問を
　　　　　　します。自分以外のカードの数字を足したら，0より大きいですか。「はい」か「いいえ」
　　　　　　で答えてください。では，よしこさん答えをどうぞ。

よしこさん：はい。

ゲーム主人：次は，たかしさん。

たかしさん：はい。

ゲーム主人：最後に，ともみさんはどうですか。

ともみさん：②はい。

ゲーム主人：まだ，チャレンジする人はいないかな。では，よしこさんに次の質問です。全員のカー
　　　　　　ドの数字を足した数として可能性があると考えている数をすべて言ってください。

よしこさん：可能性のある数は，3か4か5か6です。

ゲーム主人：それは正しいですね。

ともみさん：③あっ。

ゲーム主人：ともみさん，チャレンジですか。

ともみさん：もう少し考えてみます。

ゲーム主人：では，たかしさんに質問します。自分のカードの数字として，可能性があると考えてい
　　　　　　る数を言ってください。

たかしさん：1か3か4です。

ゲーム主人：それは正しいですね。

ともみさん：やっぱりチャレンジします。私のカードの数字は0です。

ゲーム主人：はい，正解。ともみさんの勝ちです。それぞれ自分の前のカードを表にして数字を確認
　　　　　　してみましょう。

よしこさん：そうか，私の数字は　ウ　だったんだ。

たかしさん：あっ，しまった。ゲーム主人さんから私が2回目の質問をされた時に，見方を変えてみ

ると，自分の数字が1だと分かったんだ。そうすれば，ともみさんより先にチャレンジ
ができて，勝つことができたのに。残念だ。

ともみさん：そうだね。私も，よしこさんの答えに対して，ゲーム主人さんが「それは正しいですね。」
と言った時に，ひらめいたんだ。ちょうど，「あっ。」と言った時だけれど，失敗するの
は嫌なので，もう1回考えて様子をみていたんだ。でも，たかしさんが気づく前にチャ
レンジできてラッキーだったよ。

よしこさん：今回は，自分の数字をしぼり込むのが難しかったけれど，おもしろかったね。では，次
のゲームコーナーに行こう。

全員：ゲーム主人さん，どうもありがとうございました。

(4) 下線部②について，この答えによって，よしこさん，たかしさん，ともみさんの3人が共通に分
かったことを書きましょう。

(5) 下線部③について，ともみさんは，「あっ。」と言った時に自分のカードの数字が0と分かりまし
た。どのようにして分かったのかを説明しましょう。

(6) ウ にあてはまる数字を書きましょう。

2 次の文章と会話文をよく読んで，(1)から(4)の問いに答えましょう。

けんたさんの学校では，宇宙飛行士から札幌で花を咲かせることができるAからFの宇宙の花の種
をもらいました。これらのAからFは，下の表のような特徴があります。ただし，宇宙の種や花は，
同じ花だんに別の宇宙の種や花と一緒に植えている期間があってはいけません。

花の種類	咲いている時期	花の色	種まきの時期	適した土の特徴	適した場所	条件
A	4月	紫・青	12月	かたい	日なた	温室で種まきをし、4月に日当たりの良いかたい土の花だんへ植え替える。
B	6月	紫・赤	咲く2か月前	種：やわらかい 花：かたい	日かげ	種まきは日かげのやわらかい土が適しているが、花が咲く1週間前には日かげのかたい土へ植え替える。
C	7月	紫・赤・白	咲く3か月前	やわらかい	日なた	花が咲き終わってから翌年の4月までその花だんは使えない。

D	8月	紫・青・白	咲く 3か月前	かたい	日なた	種まきの時期に水やりを欠かさないようにする。
E	9月	白・赤	咲く 3か月前	どちらの土でも良い	日かげ	花が咲き終わった後、3か月間、その花だんは使えない。
F	10月	青・赤	8月	かたい	日かげ	種まきから花が咲くまで肥料を多く必要とする。

けんたさんは，AからFのすべての種を使って，学校の花だんに花を咲かせたいと思い，その方法について，あさこさんと話をしています。

けんたさん：学校の花だんは，4か所あるね。

あさこさん：それぞれの花だんの特徴をまとめたのがこの表だよ。

花だんの場所	土の特徴	日当たりの状況
校舎とグラウンドの間	やわらかい	日なたの時間が長い
体育館の裏側	やわらかい	日かげの時間が長い
前庭	かたい	日なたの時間が長い
校舎の北側	かたい	日かげの時間が長い

けんたさん：8月の夏祭りではDの花を花だんいっぱいに咲かせましょう。Dの花は日なたのかたい土で育てる花だね。だから，前庭の花だんで育てることにしよう。

あさこさん：Dの花は咲く3か月前に種まきをするんだね。ということは，5月に種まきをすることになるね。その時期は水やりを忘れないようにしなくちゃ。

けんたさん：たしかに。次に，　ア　の花は日かげで，土はかたくても，やわらかくてもいいみたい。ただ，花が咲いた3か月後には掘り起こして花だんをきれいにする必要がありそうだね。

あさこさん：そうだね。今年の9月にはどんな花を咲かせられそうかな。

けんたさん：　ア　の花を　イ　の花だんで育てるのはどうだろう。

あさこさん：ちょっと待って。それだと他の花と花だんが重なってしまうよ。では，　ウ　の花だんで育てることにしよう。

けんたさん：そうか。まずは，花だんごとに，いつどの種を植えて，いつ花が咲くのかを整理していく必要があるね。では，校舎とグラウンドの間の花だんについて考えてみよう。

あさこさん：校舎とグラウンドの間の花だんは，やわらかい土で日なたの時間が長いので，適しているのは，Cの種だけだね。

けんたさん：そうだね。Cの種は，花が咲く3か月前に種まきをすることになっているから，4月に

種をまくと７月に花が咲くね。

あさこさん：なるほど。そうやって順番に考えていくと，①残り３つの花だんも，どの花だんにどの花を咲かせるかが整理されるね。

けんたさん：よし，これで整理した表ができたよ。

あさこさん：せっかくだから，４つの花だんに紫・赤・青・白の４色のどれかを１色ずつ割り当てて，花だんごとに違う色の花を咲かせるのはどうかな。

けんたさん：それは，いいね。では，ＡからＦの花がそれぞれどの色ならうまくいくか考えてみよう。

あさこさん：②よし，これでＡからＦの花の色が決まったね。

先生：おーい，２人ともちょっとおいで。この間の宇宙飛行士からＧ・Ｈ・Ｉ・Ｊという新しい花の種をもらったよ。

けんたさん：うわあ，すごい。どんな特徴のある花ですか。

先生：では，説明するね。どの花も咲いている期間は１か月です。Ｇは，５月に種をまき，温室で２か月ほど育ててから，７月に日かげのかたい土で咲く赤い花だ。Ｈは８月に種をまき，１か月後に日なたのやわらかい土で咲く紫の花だ。Ｉは，４月に種をまき，２か月後に日かげのやわらかい土で咲く白い花だよ。最後に，Ｊは，９月に種をまき，１か月後には日なたのどの土でも咲く青い花だよ。

あさこさん：すごい。では，③ここまで考えた計画を変更することなく，このＧからＪの４種類の花のうち，さらに花だんに植えて，花を咲かせることができる種があるかを考えてみよう。

(1) 会話文中の ア ～ ウ に入る記号または語句を答えましょう。なお，２つの ア には同じものが入ります。

(2) 下線部①について，残り３つの花だんに咲かせる花をすべて選び，記号で答えましょう。

(3) 下線部②について，この時決まったＡからＦの花の色を答えましょう。

(4) 下線部③について，ＧからＪのうち，さらに花を咲かせることができるものをすべて選び，その花の記号と植える花だんの場所の組み合わせを答えましょう。

【適性検査Ⅱ】 （45分）　＜満点：100点＞

1 　市立札幌開成中等教育学校の校舎の中には，トイレAとトイレBがあります。次の校舎内に
　あるトイレの写真をよく見て，⑴から⑶の問いに答えましょう。

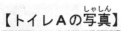
【トイレAの写真】

個室の様子

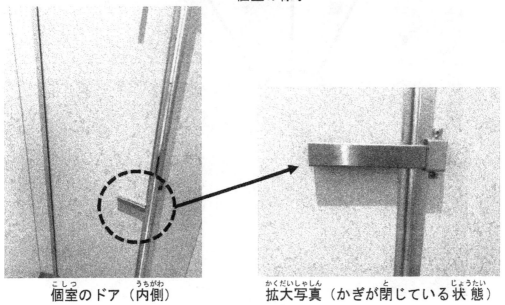

個室のドア（内側）　　　　　拡大写真（かぎが閉じている状態）

【トイレBの写真】

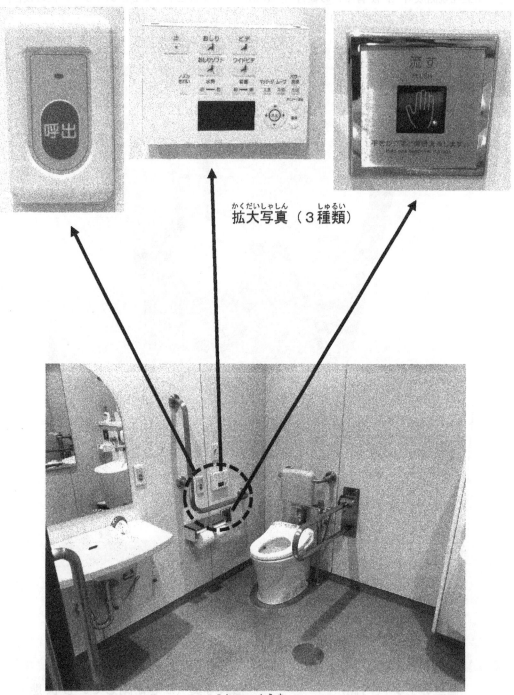

拡大写真（3種類）

個室の様子

個室のドア（内側）

拡大写真（かぎが閉じている状態）

⑴ トイレＡとトイレＢの写真を比較すると，トイレＢの方に多くの工夫があることが分かります。これらの写真を見て，あなたが気づいたトイレＢの工夫について10個書きましょう。

⑵ ⑴で答えた工夫から１つ選び，その工夫によって，トイレＢがどのような点において，より使いやすいものになっているのかを具体的に書きましょう。

⑶ あなたは，このトイレＢをより一層，使いやすいトイレにするために，どのような工夫を加えたらいいと考えますか。新たに加える工夫を１つあげ，その工夫によって使いやすくなる点とあわせて，あなたの考えを書きましょう。

2 あきらさんとはなこさんは，先生と一緒にインターネットの使い方について話をしています。次の会話文をよく読んで，⑴と⑵の問いに答えましょう。

先生：２人は，どのような目的でインターネットを使うことが多いですか。

あきらさん：そうですね。私は，音楽をきくことが多いです。

はなこさん：私は，動画を見て楽しむことが多いかな。

先生：なるほど。２人とも学びで使うというよりは，趣味や遊びで使うことが多いんだね。

あきらさん：私の姉は高校生だけれど，いつも友達とのコミュニケーションで使っているようです。

はなこさん：インターネットの使い道は人それぞれだけれど，年れいによって特徴がありそうですね。

先生：はなこさん，いいところに気づきましたね。では，インターネットの利用内容をまとめた次のページの資料１のグラフを見てください。

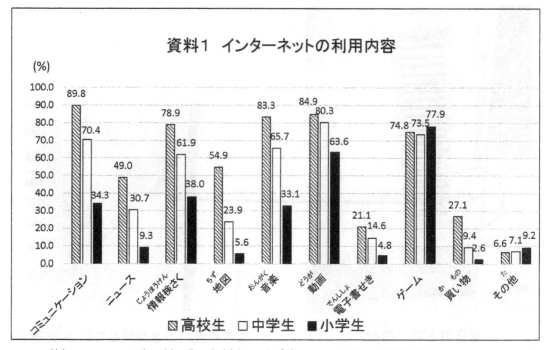

資料1 インターネットの利用内容

先生：これは，平成30年3月に内閣府から発表された「平成29年度青少年のインターネット利用環境実態調査」の中にあったデータをもとに作成したものです。例えば，インターネットでニュースを利用している高校生の割合は，回答した高校生全体の49.0％であることが分かります。

はなこさん：①資料1のグラフから，色々なことが分かりますね。

先生：確かにそうですね。では，資料1のグラフから分かることをもとに考えた場合，どんなことが予想できるかな。

あきらさん：資料1のグラフから，高校生が色々なことでインターネットを利用していることが分かるため，利用時間も長いのではないかと予想できます。

先生：なるほど。あきらさんの予想が正しいかどうかを考えるのに使えそうなデータがあります。先ほどと同じ調査からまとめた平日1日あたりのインターネットの利用時間の割合を示した次のページの資料2の表を見てください。

先生：資料1と2から他に何か分かることがあるかな。

はなこさん：ゲームをやりすぎて，インターネットを長時間利用してしまう小学生が多いということが分かります。

先生：うーん。残念ながら，資料1と2からだけでは，ゲームをやりすぎて，インターネットを長時間利用してしまう小学生が多いかどうかは分からないね。これらの他にゲームでインターネットを利用している小学生のインターネットの利用時間に関するデータが必要ですね。

あきらさん：そうか。②データから予想を立てることは大切だけれど，その予想が正しいことを証明するためには，より多くのデータが必要だということですね。

先生：その通りです。

資料2　平日1日あたりのインターネットの利用時間の割合

対象 利用時間	高校生 (%)	中学生 (%)	小学生 (%)
5時間以上	26.1	11.6	5.1
4時間以上5時間未満	10.3	9.5	3.3
3時間以上4時間未満	17.4	14.4	7.7
2時間以上3時間未満	20.4	21.2	17.3
1時間以上2時間未満	17.2	25.5	29.5
30分以上1時間未満	5.6	10.1	17.0
30分未満	0.9	4.0	11.7
使っていない	0.2	2.0	5.0
分からない	2.0	1.7	3.3

※各データは、四捨五入しているため、合計が100%にはなりません。

(1) 下線部①について、資料1から確実に分かることを5つ書きましょう。

(2) 下線部②について、資料1と2の2つのデータから分かることをもとに、インターネットの使い方の現状に関して、あなたならどのような予想を立て、その予想が正しいかどうかを判断するために、どのようなデータが必要だと考えますか。あなたの考えを次の条件にしたがって書きましょう。

条件ア　資料1と2の2つのデータから、確実に「分かること」を1つ書いてください。

条件イ　条件アで取り上げた「分かること」をもとに、インターネットの使い方の現状に関するあなたの「予想」を書いてください。

条件ウ　条件イで取り上げた「予想」が正しいかどうかを判断するために必要なデータについて、あなたの考えを書いてください。

条件エ　文章は、「資料1と2の2つのデータから、」に続けて、150字以上、200字以内で書いてください。「。」「、」や「49.0」のような資料の数値も1字として数えます。

※次のページの原稿用紙は下書き用なので、使っても使わなくてもかまいません。解答は、解答用紙に書きましょう。

※◆の印から、横書きで書きましょう。途中で行を変えないで、続けて書きましょう。

※「。」や「、」も1字として数えるので、行の最後で右にますがないときは、ますの外に書いたり、ますの中に文字と一緒に書いたりせず、次の行の初めのますに書きましょう。

※資料の数値を書く場合、「49.0」のような数値も1字として数えるので、1つのますの中に書きましょう。

（下書き用）

資	料	1	と	2	の	2	つ	の	デ	ー	タ	か	ら	、
◆														

15
30
45
60
75
90
105
120
135
150
165
180
195
200

2019 年 度

解 答 と 解 説

《2019年度の配点は解答欄に掲載してあります。》

＜適性検査Ⅰ解答例＞

1 (1) 5，10

(2) 5

(3) 6

(4) 自分のカードの数字が☆ではないことが分かった。

(5) ①よしこさんが全員のカードの数字を足した数を3か4か5か6と答えて，ゲーム主人
がそれを正しいと言ったことにより，よしこさんは，自分のカードの数字が0，1，☆で
はないことを分かっている，ということをともみさんは理解した。

次に，②よしこさんは，他の2人の数字が0と1であることを知っていることから，こ
の2人の数字を自分の数字ではないと判断したと，ともみさんが考えた。

よって，③ともみさんは，この二つの数字のうち，1はたかしさんの数字であることが
分かっているため，自分の数字が0であると分かった。

(6) 2

2 (1) ア E イ 校舎の北側 ウ 体育館の裏側

(2) 体育館の裏側 E 前庭 A・D 校舎の北側 B・F

(3) A 青 B 赤 C 紫 D 青 E 白 F 赤

(4) （花の記号）ー（花だんの場所）

G ー 校舎の北側

J ー 前庭

○配点○

1 (1) 5点（完答） (2)・(3) 各5点×2 (4)・(6) 各10点×2 (5) 15点（文章の意味が通
じることを前提として，以下の通り点数を与える。①の趣旨の記述があれば，5点を与える。②
の趣旨の記述があれば，5点を与える。③の趣旨の記述があれば，5点を与える。） 2 (1)・
(2) 10点×2（各完答） (3) 15点（完答） (4) 15点（完答 中間点は以下のとおり①5点ー正解
が一つのみある場合 ②10点ー三つ以上解答が書いてあり，正解が二つある場合 花の記号の
み，花だんの場所のみを解答した場合は，得点を与えない。） 計100点

＜適性検査Ⅰ解説＞

1 （算数：ゲームで推理をする問題）

(1) よしこさんはともみさんが2，たかしさんが1のカードを持っていることが分かっている。全
員のカードの数字を足したら7より大きい数になることから，7ー（2＋1）＝4より，自分のカー
ドは4より大きい数であることが分かる。また，全員のカードの数字を足したら17より小さい
数になることから，17ー（2＋1）＝14より，自分のカードは14よりも小さい数であることが分
かる。よってよしこさんのカードとして可能性のある数字は，5と10である。

(2)　よしこさんは自分の持っているカードの数字が10ではないことが分かった。(1)からよしこさんのカードとして可能性のある数字は5と10であるので，よしこさんの数字は5であるとわかる。

やや難

(3)　ともみさんが，「全員のカードの数字を足したら**イ**より大きい数ですか。」と質問して，ゲーム主人が「はい」と言った場合，よしこさんはチャレンジを確信した質問はできず，自分のカードとして可能性のある数字が3つ以上あてはまることになる。**イ**が8以上の数であるとき，3人の数の合計は1＋2＋5＝8であるので，「全員のカードの数字を足したら8より大きい数字ですか。」という質問に対してゲーム主人は「いいえ」と答えるため，あてはまらない。

　　　イが6であるとき，全員のカードの数字を足したら6より大きい数になることから，6－(2＋1)＝3より，よしこさんのカードは3より大きい数，つまりよしこさんのカードとして可能性のある数字は，4，5，10の3つであるので，よしこさんはチャレンジを確信した質問はできない。このときともみさんは，たかしさんが1，よしこさんが5であることを知っているので，6－(1＋5)＝0より，可能性のあるカードは2，3，4，10の4つとなる。

　　　イが5以下の数であるとき，ともみさんは，たかしさんが1，よしこさんが5であることを知っているので，全員のカードの数字を足したら5より大きい数字であることは明らかで，あてはまる数字は1と5以外の0，2，3，4，10の5つである。

　　　よって，ともみさん自身も可能性のある自分のカードを減らすことができる**イ**の数は6である。

(4)　☆は5を引くという作用がある。☆以外の数字は5以下の0，1，2，3，4，5であるので，ある数字1つと☆のカードの組み合わせの場合，2つを足した数は必ず0以下の数になる。よって，自分以外のカードの数字を足したら，0より大きくなると3人とも答えたことから，誰も☆のカードは持っていないことが分かる。

やや難

(5)　よしこさんが全員のカードの数字を足した数として可能性があると考えた数は3，4，5，6であり，それが正しいことから，(よしこさんのカードの数)＋(たかしさんのカードの数)＋(ともみさんのカードの数)＝3の組み合わせが存在しうること，すなわち2＋1＋0＝3の計算ができる可能性があることが分かる。また，(よしこさんのカードの数)＋(たかしさんのカードの数)＋(ともみさんのカードの数)≧7の組み合わせが存在しない。つまり，よしこさんは，6のカードは存在しないため6＋1＋0＝7の計算ができないと考えているとわかる。

　　　これらの事実から，①よしこさんは自分のカードの数字が0，1，☆ではないことを分かっている。つまり，②よしこさんはたかしさんとともみさんが0と1のカードであることを知っていると分かる。そして，③ともみさんはたかしさんが1の数字のカードを持っていることを知っているので，自分の持っているカードの数字が0であると判断できた。

(6)　たかしさんはともみさんが0のカードを持っていることを知っている。2回目の質問の時点で，たかしさんが自分のカードの数字として可能性があると考えている数字は1，3，4であり，それが正しいことから，よしこさんは自分のカードが0，1，3，4，☆以外の2か5であると考えられる。ここでよしこさんのカードを2とすると，(よしこさんのカードの数)＋(たかしさんのカードの数)＋(ともみさんのカードの数)の組み合わせは，2＋1＋0＝3，2＋3＋0＝5，2＋4＋0＝6で，全員のカードの数字を足した数として可能性があると考えられる3，4，5，6にあてはまる。よしこさんのカードを5とすると，(よしこさんのカードの数)＋(たかしさんのカードの数)＋(ともみさんのカードの数)の組み合わせは，5＋1＋0＝6，5＋3＋0＝8，5＋4＋0＝9で，全員のカードの数字を足した数として可能性があると考えられる3，4，5，6にあてはまらない。よって，ともみさんのカードの数字は2であると分かる。

② （算数：組み合わせ）

(1) **ア** 日かげで，土はかたくてもやわらかくてもいい花はEである。また，花が咲いた3か月後には掘り起こして花だんをきれいにする必要があることもあてはまる。

イウ 6月に種をまき，9月に花を咲かすEに適した，日かげの時間が長い花だんは，土がやわらかい体育館の裏側の花だんと，土がかたい校舎の北側の花だんの2つである。このうち校舎の北側の花だんは，8月に種をまき，10月に花を咲かすFの花と，6月に花を咲かすBの花と，時期が重なってしまう。

(2) 体育館の裏側

　　日かげの時間が長く，土がやわらかい花だんで花を咲かすのに適しているのは，(1)よりEの花のみである。

前庭

　　日なたの時間が長く，土がかたい花だんで花を咲かすのに適しているのは，12月に種をまき，4月に花を咲かすAの花と，5月に種をまき，8月に花を咲かすDの花である。この2つは育てる時期が重ならない。

校舎の北側

　　日かげの時間が長く，土がかたい花だんで花を咲かすのに適しているのは，4月にやわらかい土で種をまき，6月にかたい土に植え替えて花を咲かすBの花と，8月に種をまき，10月に花を咲かすFの花である。この2つは育てる時期が重ならない。

(3) 花の色を表にまとめる。

花だんの場所	花の種類	花の色			
校舎とグラウンド	C	③紫	赤	白	
体育館の裏側	E		赤	②白	
前庭	A	紫			④青
	D	紫		白	④青
校舎の北側	B	紫	①赤		
	F		①赤		青

　　4つの花だんに紫・赤・青・白の4色のどれかを1色ずつ割り当てて，花だんごとに違う色の花を咲かせたい。時期をずらして2種類の花を植える花だんに着目する。

　① 校舎の北側の花だんでは，Bの花とFの花に共通しているのは赤色なので，赤色を選ぶ。

　② 体育館の裏側の花だんに咲くEの花は赤と白のみであるので，赤色以外の白色を選ぶ。

　③ 校舎とグラウンドの花だんに咲くCの花は紫と赤と白のみであるので，赤・白以外の紫色を選ぶ。

　④ 前庭の花だんではAの花とDの花に共通している青色の花を選ぶ。

(4) 5月に種をまき，温室で2か月育ててから7月に日かげのかたい土で咲く赤い花であるGの花に適した花だんは，校舎の北側の花だんである。これは他の花と時期が重ならないため，さらに花だんに植えて花を咲かせることができる。

　　8月に種をまき，9月に日なたのやわらかい土で咲く紫の花であるHの花に適した花だんは，校舎とグラウンドの花だんである。しかし，校舎とグラウンドの花だんに植えたCの花が7月に花を咲かせ終わった以降，翌年の4月まで花だんが使えないため，植えることができない。

　　4月に種をまき，6月に日かげのやわらかい土で咲く白い花であるIの花に適した花だんは，体

育館の裏側の花だんである。しかし，4〜5月に植えているBの花と時期が重なってしまうため，植えることができない。

　9月に種をまき，1か月後には日なたのどの土でも咲く青い花であるJの花に適した花だんは，校舎とグラウンドの花だんと前庭の花だんの2つである。校舎とグラウンド前庭の花だんはCの花が7月に花を咲かせ終わった以降，翌年の4月まで花だんが使えないため，植えることができない。一方前庭の花だんは，ほかの花と時期が重ならないため，さらに花だんに植えて花を咲かせることができる。

　下の表に，花だんと花の種類をまとめた。G〜Jのうち，さらに花だんに植えて花を咲かせることができるものは○，植えることができないものを×とした。

花だんの場所	土の特徴	日当たりの状況	花の種類(A〜F)		花の種類(G〜J)	
校舎とグラウンド	やわらかい	日なた	C：4〜7月		H：8〜9月	J：9〜10月
			翌年の4月まで使えない		×	×
体育館の裏側	やわらかい	日かげ	B：4〜5月	E：6〜9月	I：4〜6月	
			種まき	3か月間使えない	×	
前庭	かたい	日なた	A：4月	D：5〜8月	J：9〜10月	
			花が咲く	水やり	○	
校舎の北側	かたい	日かげ	B：6月	F：8〜10月	G：7月	
			花が咲く	肥料	花が咲く　○	
温室			A：12〜4月		G：5〜7月	
			種まき		種まき	

★ワンポイントアドバイス★

　長い文章を読み取り，理解する力が求められる。表を作って自分なりにまとめたり，わかりやすいようにメモをしたりしておくとよい。文章を読み間違えないよう，落ち着いて取り組むことが必要である。解答時間は45分であり，どちらか1つの問題に集中しすぎるともう1つの問題が終わらなくなってしまう可能性があるので，時間配分にも注意したい。

＜適性検査Ⅱ問題解答例＞

1　(1)　個室のスペースを広くしている。
　　　　個室の中に洗面台を設置している。
　　　　便器の両側に手すりを付けている。
　　　　便器に背もたれを付けている。
　　　　温水洗浄便座になっている。
　　　　出入口が引き戸になっている。
　　　　手をかざすと水が流れるようになっている。

　　ドアの鍵がかけやすくなっている。

　　緊急用の呼び出しボタンが付いている。

　　引き戸に手すりを付けている。

(2)　トイレBはトイレAよりもスペースが広くなっている。スペースが広いことによって，車イスや松葉づえを使用している人が個室内を移動したり，車イスから便器に移動したりすることがしやすいという点において便利だと言える。

(3)　（新たに加える工夫）

　　トイレの出入口を自動で開閉する引き戸にし，ボタンを押すと鍵の開け閉めができるようにする。

　　（その工夫によって使いやすくなる点）

　　自動で開閉する引き戸とボタン式の鍵にすることによって，車イスや松葉づえを使用している場合に，少ない負担でトイレに出入りすることができる。

②　(1)　高校生では，コミュニケーションでインターネットを活用している割合が一番高い。

　　中学生では，動画でインターネットを活用している割合が一番高い。

　　小学生では，ゲームでインターネットを活用している割合が一番高い。

　　ゲームでインターネットを利用している人の割合は，小学生が一番高い。

　　ゲームとその他以外は，小中高と年齢が上がるほど利用者の割合が高い。

(2)　（資料1と2の2つのデータから，）

　　高校生の約9割がコミュニケーションにインターネットを利用しており，5時間以上インターネットを利用している高校生は25％を超えていることが分かる。このことから，5時間以上インターネットを利用している高校生は，必ずコミュニケーションにインターネットを利用していると予想する。この予想が正しいかどうかは，5時間以上インターネットを利用している高校生の利用内容を調査して判断する。

○配点○

①　(1)　各2点×10（正解1つにつき2点，気づいた工夫を別の言い方で表現している解答が複数ある場合は，そのうちの1つのみを正解とする。）　　(2)　15点（具体性を欠くなど，整合性が不明確な場合，5点を減じる。全体的に表現が不十分な場合は5点を減じる。）　　(3)　新たに加える工夫：5点（明らかに新たな工夫と考えられない場合は，点数を与えない。）　その工夫によって使いやすくなる点：10点（使いやすくなる点に具体性を欠く場合は，5点を減じる。新たに加える工夫と使いやすくなる点に整合性がない場合は，点数を与えない。）

②　(1)　各5点×5（正解1つにつき5点，同じ内容を別の言い方で表現している解答が複数ある場合は，そのうちの1つのみを正解とする。）　　(2)　25点（**条件エの字数を満たしていない場合は0点，条件エの字数を満たしている場合，条件アのみ満たしていれば5点，条件ア，イを満たしていれば10点，条件ア，イ，ウを満たしていれば20点を与える。条件ア〜ウすべてを満たし，文章全体がわかりやすく表現されていれば25点。**）　　　計100点

＜適性検査Ⅱ問題解説＞

①　（社会：ユニバーサルデザイン）

(1)　個室の写真ではAとBをよく比較してちがいを見つけ，なぜそのようなちがいがあるのか考えて工夫をあげる。また，拡大写真も着目点の参考にする。

(2)　1つの工夫にたいして，使いやすくなる点が1つとはかぎらない。自分が思いついた使いやす

い点について，どんな人がどのようなときに使いやすいのかを具体的に書く。

(3) トイレBの利用者の視点にたって考える。車椅子に乗っている生徒や松葉づえを使っている生徒など，どんな生徒が使うのかを考える。また，災害や行事で学校を開放した際には，高れい者やベビーカーを押す人の利用も考えられる。すでにトイレBにみられる工夫でないか注意し，使いやすくなる点は具体的に書く。

重要 ② （総合問題：インターネットの利用状況，条件作文）

(1) 確実に読み取れることのみを書く。グラフから考えられることなどは書かないように注意する。解答例にあるもの以外でも，**資料1**から分かることであればよい。例えば，小学生では買い物にインターネットを利用している割合が一番低い，高校生と中学生の割合の差が最も大きい利用内容は地図である，なども正解である。

(2) **条件**が4つあるので，注意して全て満たすようにする。**条件ア，イ，ウ**にそって「2つのデータから確実に分かることは何か」→「分かることからどのような予想が立てられるか」→「予想が正しいかを判断するには，どのようなデータが必要か」という流れで書くとよい。確実に分かることと自分の予想をしっかり分けつつ関連させることに注意する。例えば，「**資料1**からは，小学生がゲームや動画にインターネットを利用している割合が他の利用内容に比べてとても高いことが分かり，小学生は平日1日あたり1時間以上2時間未満インターネットを利用している人が一番多いことが分かる。」→「小学生で平日1日あたり1時間以上2時間未満インターネットを利用している人は，利用時間の多くをゲームや動画に費やしていると考えられる。」→「平日1日あたり1時間以上2時間未満の小学生がそれぞれの利用内容に使っている時間のデータが必要である。」という構成が考えられる。

―――★ワンポイントアドバイス★―――

資料からわかることを問われているのか，自分の考え・意見を問われているのかに注意して答えるようにしよう。相手に伝わりやすい具体例や構成を心がけよう。

平成30年度

入 試 問 題

平成30年度

市立札幌開成中等教育学校入試問題

【適性検査Ⅰ】 （45分） ＜満点：100点＞

1 次の文章と会話文をよく読んで，(1)から(4)の問いに答えましょう。

　はるなさんとけんたさんが児童館に遊びに行ったときに，おもしろい装置を見つけました。次の図はこの装置を真上から見たものです。

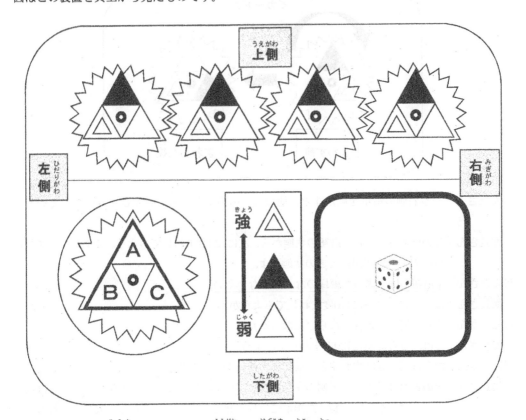

けんたさん：この装置はなんだろう。上側には歯車が横に四つならんでいるようだけれど。

はるなさん：下側には絵が二つかいてあるね。右側はくぼみになっていて，サイコロが一つ置かれているね。

けんたさん：うーむ，見当もつかないな。館長さんに聞いてみよう。

はるなさん：すみません。この装置はなんですか。

　館長さん：これは，３人のプレーヤーが順番にサイコロを投げ，その出た目の数に応じて歯車をまわすことで，順位を競うゲームだよ。

けんたさん：へえ。なんだかおもしろそう。

　館長さん：もし，よかったら，実際に遊んでみるかい。

はるなさん：え，いいんですか。

館長さん：もちろんです。では，さっそくルールを教えるね。まず，下側の真ん中の絵から説明するね。三角形が縦に三つならんでいるよね。一番上にある二重の三角形，これが一番強い三角形だ。次に強いのが，真ん中の黒い三角形。一番下にある白い三角形が一番弱いんだ。

けんたさん：なるほど。あれ，これって，上側の歯車の中の大きな三角形にかかれているね。

館長さん：よいところに気がつきました。では，その歯車の説明をしようか。四つの歯車のうち動かすのは，一番右側の歯車だけ。これをサイコロの出た目の回数だけ左に120度ずつまわします。歯車を左に120度まわすとは，このカードのようなことです。

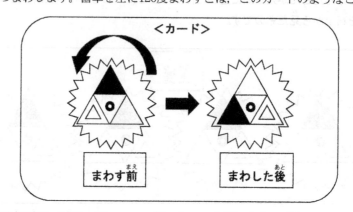

けんたさん：一番右側の歯車を動かすと，他の三つの歯車も一緒に動くしくみになっているんだね。

館長さん：そのとおり。では，最初の状態から，左に120度まわしてみよう。これは，サイコロを投げて１の目が出たときの状態だよ。

けんたさん：①最初とは，違った模様のならびになったね。

館長さん：よし，さらに左に120度まわしてみようか。

はるなさん：さらに違った模様のならびになったね。

館長さん：では，さらに左に120度まわしてみよう。

けんたさん：なるほど，３回まわすと，最初の模様にもどるんだね。

館長さん：そのとおり。次に，下側の左側の絵について説明するね。３人のプレーヤーは最初にじゃんけんをして，勝った順番に自分の好きな位置を選ぶんだ。大きい三角形の上がＡ，左下がＢ，そして右下がＣになるよ。じゃあ，３人でやってみようか。

（３人でじゃんけんをした結果，はるなさん，けんたさん，館長さんの順番になりました。）

はるなさん：じゃあ，私はＡの位置を選ぶね。

けんたさん：私はＢの位置にしよう。

館長さん：私はＣの位置ということになりますね。じゃあ，じゃんけんで勝ったはるなさんからサイコロを投げてみよう。

はるなさん：２が出たよ。

館長さん：よし，じゃあ，さっそくまわしてごらん。

はるなさん：一番右側の歯車を，左に２回分まわしていくと。

館長さん：四つの歯車の模様が決まったね。はるなさんはＡの位置を選んだから，四つの歯車の

中の大きい三角形の上の部分がはるなさんの強さになるよ。その三角形は，左側から順に， ア ， イ ， ウ ， エ になるね。

けんたさん：三角形の強さの順番はさっき聞いたけれど，どのように勝敗が決まるかわからないよ。

館長さん：勝敗は，四つならんでいる三角形のうち一番左側の三角形で決まるよ。もし，その三角形が他のプレーヤーと同じだったときは，左側から二番目の三角形で勝敗を決めるんだ。では歯車を最初の状態に戻して，次にけんたさんがサイコロを投げてみよう。

けんたさん：サイコロの目は， オ だったよ。じゃあ，歯車をまわすね。私の三角形は，左側から順に，△，▲，△，▲になったよ。

館長さん：そうだね。では，歯車を最初の状態に戻してから，私が投げましょう。サイコロの目は カ になりました。その結果，1位がはるなさん，2位がけんたさん，3位が私ということになりましたね。

(1) 下線部①について，このときの四つの歯車の模様をかきましょう。

(2) ア ， イ ， ウ ， エ に入る三角形をかきましょう。

(3) オ に入る可能性のあるサイコロの目の数を全て書きましょう。

(4) カ に入る可能性のあるサイコロの目の数を全て書きましょう。

2 次の文章と会話文をよく読んで，(1)から(3)の問いに答えましょう。

かずやさんが通う学校では，「私たちが住む町にはどのような魅力があるのか」というテーマで，実際に様々な場所を訪問して，町の魅力を発表する取り組みを行っています。かずやさんの班では，「私たちの町が，なぜ観光客に人気があるのだろうか」という課題を立てて，観光客に人気の場所へ実際に行って詳しく取材することにしました。

先生：今日は，取材の計画を立てます。できるだけ多くの場所で取材できるよう，計画を立ててください。取材する日は全員【学校】を9時に出発して，昼食は【駅】の中にある休けい所で食べること。昼食時間は12時から12時50分です。12時までには【駅】に到着して，12時50分までの昼食時間を計画に入れましょう。帰りは【学校】に16時30分までには着くようにしてください。

かずやさん：それぞれの場所で取材できる時間帯を整理してみよう。

ともみさん：まず【駅】は，取材開始が11時と13時30分で，40分間の取材ならよいと言っていたよ。それから【動物園】は，午前中は10時か11時の開始で，午後は14時か15時の開始なら取材可能だって。取材時間はここも40分間。

あやかさん：【電波塔】は，当日，団体の見学があるから，13時か16時の開始しか無理で，取材時間は20分と言っていたよ。

かずやさん：やっぱり人気なんだね。私の調べた【公園】も近くの幼稚園の遠足があるから，9時30分から20分間か，14時30分から20分間のどちらかにしてほしいって。

ゆうじさん：【農園】は，午前中が10時か11時の開始で，午後は12時，13時，14時，15時，16時のいずれかの開始にしてほしいと言っていたよ。取材時間は20分間。

かずやさん：【美術館】と【展望台】はどうだったの。

あやかさん：どちらも見学会をしているから，その時間に合わせて来てほしいと言っていたよ。【美術館】は９時30分から１時間ごとに見学会をやっていて，最終は15時30分からの開始。【展望台】は，10時から１時間ごとで，最終は16時からの開始で，どちらも見学時間は20分間。

あやかさん：あ，そうそう【博物館】も聞いたんだった。【博物館】は，11時からか，13時30分からなら，40分間見学しながら取材させてもらえるって。

かずやさん：これで予定していた場所は全部だね。せっかく取材や見学をさせてもらえるなら全部まわろうよ。しっかり調査するために，それぞれの場所で示された時間を全て使って取材をしてこよう。

ともみさん：うん，そうだね。そのためには，行く順番をしっかり考えないとだめだね。それぞれの場所が何時から何分間取材できるのかを次の表に矢印でまとめてみよう。

ゆうじさん：【農園】と【駅】については，昼食も含めてこの矢印でよいね。それじゃあ，他にも同じように入れていこう。

	9時	30分	10時	30分	11時	30分	12時	30分	13時	30分	14時	30分	15時	30分	16時	30分
農園			←→		←→		←→		←→		←→		←→		←→	
博物館																
駅					←→		昼食 ←→		←→							
美術館																
電波塔																
展望台																
動物園																
公園																

かずやさん：よし，①表が完成したぞ。

ゆうじさん：うーん。この表を見ると，　ア　と　イ　は取材できる時間帯がまったく同じだ。それから，　ウ　と　エ　も同じだね。

ともみさん：そうだね。　ア　と　イ　は，取材できる時間帯がたくさんあるけれど，　ウ　と　エ　は，取材できる時間帯が，２回しかないね。全部まわるためには，午前中に　ウ　に行ったら，　エ　は午後にしか行けないことになるね。

先生：計画は進んでいるかい。ところで，それぞれの場所に移動する時間は調べたのかい。計画を立てるためには必要なことだよ。

ともみさん：それは私が調べました。まとめたのが次のページの表です。たとえば，【学校】を出発して【駅】まで行くのにかかる時間は，太枠で囲んだところになるので，10分かかる

ということになります。

到着地（分）

出発地 \ 到着地	学校	農園	博物館	駅	美術館	電波塔	展望台	動物園	公園
学校		5	10	10	15	15	15	20	25
農園	5		5	15	10	20	20	15	30
博物館	10	5		10	5	15	25	10	25
駅	10	15	10		5	5	15	10	15
美術館	15	10	5	5		10	20	5	20
電波塔	15	20	15	5	10		10	15	10
展望台	15	20	25	15	20	10		25	10
動物園	20	15	10	10	5	15	25		20
公園	25	30	25	15	20	10	10	20	

あやかさん：すごいね，ともみさん。この表とさっきの表を合わせて考えれば，どの順番に取材すればよいのかわかるね。

先生：お，しっかりとした計画が立てられそうだね。取材場所に早めに着いて待っているのはよいけれど，絶対に遅れないように。それと取材時間はしっかりと守ること。あと，取材が終了したら，すぐ次の場所へ移動を開始すること。

かずやさん：よし。8か所全部に取材できるように計画を立てよう。

ゆうじさん：そうだね。えーと，まず一番早い時間帯に取材できるのは，　オ　と　カ　だね。

ともみさん：それから　キ　と　ク　は，取材できる最後の時間帯に行くと【学校】に帰る時間に間に合わなくなるから，最後には行けないね。

あやかさん：それなら【学校】に着くまでの時間が一番短い　ケ　を最後に行くことにしよう。

かずやさん：そうだね。そうやって考えていくと，②午前中に3か所，午後に5か所で，8か所全部まわることができる計画が完成するね。

(1) 下線部①について，矢印を入れて表を完成させましょう。

(2) 　ア　～　ケ　にあてはまる場所を書きましょう。ただし，同じ場所が入る場合もあります。

(3) 下線部②について，この計画を完成させるために，1番目から順番にまわる場所を書きましょう。

【適性検査Ⅱ】 （45分）　＜満点：100点＞

1　次の文章をよく読んで，(1)から(3)の問いに答えましょう。

　あかねさんは，「東京から札幌へ移住する人を増やそう」というキャンペーンを見つけました。そのキャンペーンでは，下の応募用紙にあるように，札幌の冬の生活に不安を感じている人に対して，冬の間，札幌に住んでみることをすすめる「小学生からの手紙」を募集していました。

　興味をもったあかねさんは，この「小学生からの手紙」に応募することにしました。

「小学生からの手紙」応募用紙

この冬、札幌で生活してみませんか

札幌の冬の生活に不安を感じているあなたへ

_____

_____

_____

_____

_____

_____

_____

この冬、札幌でお会いできることを楽しみにしています。

_____小学校　名前_____

---

(1)　あかねさんは，応募をするに当たって，まず，自分にとっての札幌の冬の魅力をできるだけ多くあげてみることにしました。あなたが，あかねさんだとしたら，どのようなことをあげますか。他の人に伝わるような文にして，五つ書きましょう。

札幌の冬の魅力
1
2
3
4
5

(2) 次に，あかねさんは，自分にとっての札幌の冬の課題をできるだけ多くあげてみることにしました。あなたが，あかねさんだとしたら，どのようなことをあげますか。他の人に伝わるような文にして，五つ書きましょう。

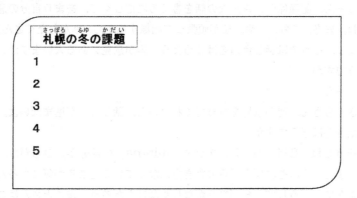

札幌の冬の課題

1

2

3

4

5

(3) あかねさんは，次の二つの内容を入れて，手紙を書くことにしました。

・札幌の冬の生活に対する不安をできるだけ少なくする。
・札幌の冬の魅力を一層伝える。

あなたが，あかねさんだとしたら，どのような手紙を書きますか。あなたが(1)，(2)で解答した内容をもとに，応募用紙を完成させるために，手紙の本文を書きましょう。

2 次の文章と会話文をよく読んで，(1)と(2)の問いに答えましょう。

たかしさんは「一人一人が新たなことを発見できるグループでの話し合いをするにはどうしたらよいか」というテーマについて意見を述べることになりました。そこで，まず，グループでの話し合いについて解説したDVDをみました。あとに続く会話文はそのDVDに出てきたやりとりです。

まことさん：先生が，学校のめあてである「わたし，アナタ，min-na　そのすがたがうれしい」が実現する学校生活について，グループで話し合いましょうと言っていたけれど，どうすればよいのかな。

さくらさん：グループのみんなで考えると，色々な意見が出てきて一つにまとめるのが大変だよね。それに私は，考えをまとめるのに結構時間がかかるタイプなので，一人で考える方が気が楽なんだよね。

ゆうたさん：そうそう。考え方が違う人同士で話し合っても，意見が合わず対立するだけだし，そもそも，私はグループで話し合うなんて意味がないと思うんだ。

かなえさん：二人ともちょっと待って。そんなこと言っていたら話し合いにならないじゃない。先生が話し合ってみましょうと言っているんだから，とにかく始めようよ。

まことさん：そうだね。それなら，まず司会者と記録者を決めよう。私は，声が大きいかなえさんが司会になったらよいと思うよ。

かなえさん：えっ，私が司会するの。私は，どちらかっていうと，みんなから出た意見を書いてまとめるほうが好きなんだけれどね。まあ，しかたがないからやるよ。でもそのかわり，まことさんが記録係をやってよね。

まことさん：うーん，記録係か。みんなの話を書くのに忙しくて，あまり自分の意見が言えないよね。まあ，でもいいや。私が頑張って記録するから，みんなたくさん意見を出してよ。

かなえさん：よし，それでは話し合いをはじめよう。誰か意見のある人いますか。さくらさん，どうですか。

さくらさん：うーん。

かなえさん：さくらさん，何か意見を言ってくれないと，話し合いが進まないよ。それじゃ，ゆうたさんはどうですか。

ゆうたさん：そうだね，私は「わたし，アナタ，min-na」の部分が，ひらがな，カタカナ，ローマ字と，それぞればらばらの書き方になっているところが気になるんだよね。

かなえさん：確かに。どうして，全部ひらがなじゃないんだろう。まことさんはこの点についてどう思う。

まことさん：うーん，記録していると，なかなか考えられないな。ところで，「min-na」なんだけれど，「n」と「n」の間にある「-」には，どんな意味があるのだろう。

さくらさん：そうだね，「-」も気になるんだけれど，「そのすがたがうれしい」って，おかしな文だよね。

ゆうたさん：なんかみんな，ばらばらなことを話していて，今，何について話し合ったらよいのかが分からなくなってきたよ。

かなえさん：そうだね。じゃあ，話を元に戻そう。私は「わたし，アナタ，min-na」と，その書き方をばらばらにすることで，言葉には様々な表現方法があることを示しているのではないかなと思うんだけれど。

ゆうたさん：おー，さすが声の大きいかなえさん。その意見，きっと正しいと思うよ。

さくらさん：私も，かなえさんが言うならそれでよいと思うよ。

まことさん：みんな，ちょっと待って。かなえさんが言ったから正しいっていうことでよいのかな。

ゆうたさん：まことさん，そんなこと言ったらかなえさんがかわいそうだ。

さくらさん：そうだよ。せっかく，かなえさんが司会をしながら意見を出してくれたのに。かなえさんのことが嫌いなのかい。

まことさん：いやいやとんでもない。そんなことじゃないんだけれど。

かなえさん：じゃあ，とりあえず，前半部分は，私の意見でよいとして，「そのすがたがうれしい」とは，一体，どういうことだと思う。

ゆうたさん：ここは国語が得意な私に任せてほしいな。「そのすがた」とは，様々な表現方法がある日本の文化のことを指していて，「うれしい」とは，私たちがその日本の文化を大切にしていくときの思いを表現しているんだよ。

さくらさん：じゃあ，そのような学校のめあてが実現している学校生活とは，どんなものということになるの。

ゆうたさん：それはつまり，日本の文化を大切にした学校生活ということで間違いないよ。

まことさん：（小さな声で）うーん，何か違うような気もするけれど。

かなえさん：まことさん，何か意見がありますか。

まことさん：いや，特にありません。

さくらさん：それなら，そろそろ結論を出そうよ。なんか疲れてきちゃったし。

かなえさん：そうだね。じゃあ，ゆうたさんの意見が私たちの話し合いの結論ということでよいかな。

ゆうたさん：私は，話し合いをする前からそう考えていたから，当然の結論だと思うよ。よって，賛成だね。

さくらさん：私は，グループの話し合いの結論としては賛成だけれど，私がこの話し合いの結果をクラスで発表するのは自信がないな。

まことさん：私は記録することに夢中になって，ゆっくりと考えることができなかったな。だから今も何となく，頭の中がもやもやしているよ。でも，時間もないから考えるのをやめにして，ゆうたさんの意見に賛成ということにするよ。

かなえさん：それでは結論が出たので話し合いは終わりにしましょう。実は私，自分の意見に自信がなかったんだ。でも，国語が得意なゆうたさんが正しいと言ってくれたからうれしかったよ。話し合いで意見がまとまって本当によかったと思うよ。

(1)　ＤＶＤの中で解説していた先生は，このグループでの話し合いには，いくつか改善した方がよい点があると言っていました。あなたなら，どのような課題があると思いますか。下の例にならって，あなたが気づいた点を，他の人に伝わるような文にして五つ書きましょう。

　　　例：グループで話し合うことに意味がないと思っている人がいる。

(2)　あなたなら，「一人一人が新たなことを発見できるグループでの話し合いをするにはどうしたらよいか」というテーマについてどのような意見を述べますか。　ＤＶＤの中でのグループの話し合いをもとに，あなたの意見をまとめ，文章で書きましょう。

　　　なお，次の条件に合わせて書いてください。

条件ア　(1)であなたが考えた課題を必ず一つだけ取り上げてください。

条件イ　条件アで取り上げた課題によって引き起こされるであろう，グループでの話し合いにおける問題点について，具体的に書いてください。

条件ウ　条件イで書いた問題点を改善するための方法について，あなたの考えを具体的な例を示しながら書いてください。

条件エ　文章は，150字以上，200字以内で書いてください。「。」や「，」も１字として数えます。

※下の原稿用紙は下書き用なので，使っても使わなくてもかまいません。解答は，解答用紙に書きましょう。

※◆の印から，横書きで書きましょう。途中で行を変えないで，続けて書きましょう。

※「。」や「，」も1字として数えるので，行の最後で右にますがないときは，ますの外に書いたり，ますの中に文字と一緒に書いたりせず，次の行の初めのますに書きましょう。

（下書き用）

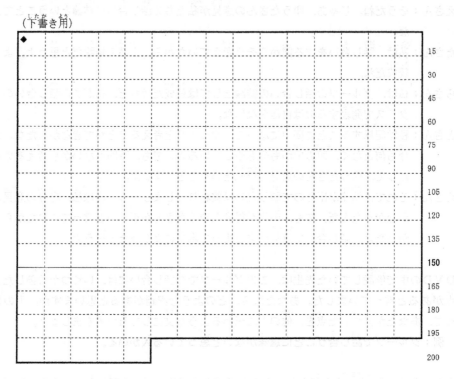

平 成 30 年 度

解 答 と 解 説

《平成30年度の配点は解答欄に掲載してあります。》

＜適性検査Ⅰ解答例＞

1 (1)

(2)

(3)　1，4

(4)　3，6

2 (1)

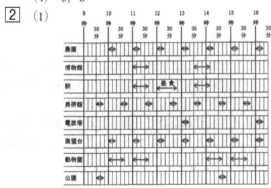

(2)　ア　農園　　イ　展望台
　　　ウ　博物館　エ　駅
　　　オ　美術館　カ　公園
　　　キ　電波塔　ク　展望台　ケ　農園

(3)

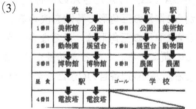

○配点○

1 (1)・(2)　各10点×2（各完答）　　(3)・(4)　各15点×2（各完答）

2 (1)　15点（ただし，6つの場所とも正しく矢印が書かれている場合。1つ誤りで10点，2つ誤りで5点とする。）　　(2)　アイ・ウエ・オカ・キクケ　各5点×4（各完答）　　(3)　完答15点（2通りのうち1つ解答）　　計100点

＜適性検査Ⅰ解説＞

1 （算数：歯車をまわすゲーム）

(1)　最初の状態から，左に120度まわしたとき，すなわちサイコロを投げて1の目が出たときの歯車の模様のならびをかく。四つの歯車のうち動かすのは一番右側の歯車だけであるが，この歯車を左にまわすと右から二番目の歯車は右に，左から二番目の歯車は左に，一番左側の歯車は右にまわることに注意する。

(2)　サイコロを投げて2の目が出たため，一番右側の歯車を2回分まわす。つまり，(1)の状態から，さらに，一番右側と左から二番目の歯車は左に，右から二番目と一番左側の歯車は右にまわる。

(3)　けんたさんの出た目の数字として考えられるものを全て書く。けんたさんの選んだ位置はBであり，左から順に△▲△△であった。一番左の歯車を3回まわすと最初の模様にもどることに注意すると，さいころの目が1と4のとき，2と5のとき，3と6のときはそれぞれ同じ結果になることがわかる。さいころの目が1と4のとき，つまり一番右の歯車を左に1回まわしたときのBの位置は，左から順に△▲△△。さいころの目が2と5のとき，つまり一番右の歯車を左に2回まわしたときのBの位置は，左から順に▲△▲△。さいころの目が3と6のとき，すなわち最初の模様のBの位置は，△△△△。よって，けんたさんの出した目の数字として考えられるものは，1と4である。

(4)　模様のならびは次の3通りになる。

　　　＜1，4が出たとき＞　　　　　　　　　　　＜2，5が出たとき＞

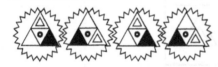

　　　＜3，6が出たとき＞

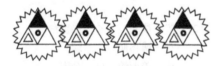

はるなさんは2，けんたさんは1か4が出たので，この2人の位置から考える。はるなさんの一番左側のAは△，けんたさんの一番左側のBも△である。2人が同じ三角形なので，勝敗はつかず左から2番目の三角形で勝敗を決める。

左から2番目の三角形は，はるなさんが△，けんたさんが▲なので，順位ははるなさん，けんたさんの順になる。このとき館長が△であれば，1位がはるなさん，2位がけんたさん，3位が館長となる。左から2番目のCが△なのは3か6が出たときである。

やや難 ②　(算数：取材の計画)

(1)　表は1時間ごとに太い線，10分ごとに細い線が書いてあることに注意する。会話文からそれぞれの取材可能な時間帯を読み取り，表にまとめていく。取材時間も場所によって異なるので注意する。

(2)　(1)で作成した表を見て考える。

　　アとイ　取材できる時間帯がまったく同じで，取材できる時間帯がたくさんあるところは，農園と展望台である。

　　ウとエ　取材できる時間帯がまったく同じで2回しかないところは，博物館と駅である。

　　オとカ　学校を9時に出発したあと一番早い時間帯に取材できるのは，9時30分〜9時50分の取材が可能な美術館と公園である。

　　キとクとケ　取材できる最後の時間帯に行くと学校に帰る時間に間に合わなくなるところは，16時〜16時20分の取材が可能な電波塔と展望台と農園である。また，学校に着くまでの時間は電波塔と展望台が15分，農園が5分なので，このなかで学校に着くまでの時間が一番短いのは農園である。

(3) 決まっていることは，学校を9時に出発し，12時〜12時50分は駅の中で昼食を食べ，最後に農園に行き，16時30分までには学校に着いていることである。また1回行った場所には行かず，ともみさんの作った表を参考にしてそれぞれの場所に移動する時間も考える。8か所のうち農園は最後に行くので，残りの博物館，駅，美術館，電波塔，展望台，動物園，公園の7か所で考えていく。

<計画その1>

① 学校を9時に出発したあと一番早い時間帯である9時30分〜9時50分の取材が可能な美術館に行くとする。学校から美術館に着くまでの時間は15分であるため，移動時間も十分に取ることができる。

② 9時50分に取材が終わる美術館のあとに行く場所として，10時からの取材が可能な農園以外のところは，展望台と動物園がある。移動する時間は，美術館から展望台は20分，動物園は5分であることから，次に行くのは動物園とする。

③ 10時40分に取材が終わる動物園のあとに行く場所として，11時からの取材が可能な農園以外のまだ行ったことのないところは，博物館と駅と展望台である。移動するのに，動物園から博物館は10分，駅は10分，展望台は25分かかるので，博物館か駅となる。博物館と駅は(2)のウとエで解答したように，取材できる時間帯がまったく同じで2回しかないため，博物館と駅のどちらを先に行くかを考えなければならない。ここで昼食のあとに行く場所を考えると，13時から取材可能で農園以外のところは電波塔と展望台がある。移動するのに，駅から電波塔は5分，展望台は15分であることから昼食のあとは電波塔に行くと考えられる。13時20分に取材が終わる電波塔のあとに行くところとして13時30分からの取材が可能で13時30分からが最後の取材である博物館と駅があげられるが，博物館に着くまでの時間は15分，電波塔から駅に着くまでの時間は5分であるため，電波塔のあとにいくところは駅である。よって，11時からの取材は博物館に行くことになる。

④ 14時10分に取材が終わる駅のあとに行く場所として農園以外のまだ行ったことのない14時30分から取材可能である公園が考えられる。駅から公園に着くまでの時間は15分であるため，移動時間も取ることができる。14時50分に取材が終わる公園のあとに行く場所として，7か所中でまだ行っていないところは展望台である。15時から取材が可能で，公園から展望台に着くまでの時間は10分であるため，移動時間も取ることができる。また15時20分に取材が終わる展望台のあとに行く場所は16時から取材が可能である農園であり，展望台から農園に着くまでの時間は20分であるため，移動時間も取ることができる。

<計画その2>

① 学校を9時に出発したあと一番早い時間帯である9時30分〜9時50分の取材が可能な公園に行くとする。学校から公園に着くまでの時間は25分であるため，移動時間も取ることができる。

② 9時50分に取材が終わる公園のあとに行く場所として，10時からの取材が可能な農園以外のところは展望台と動物園がある。移動する時間は，公園から展望台は10分，動物園は20分であることから，次に行くのは展望台とする。

③ 10時20分に取材が終わる展望台のあとに行く場所として，農園以外のまだ行ったことのないところは，美術館と博物館と駅と動物園である。移動するのに，展望台から美術館は20分，博物館は25分，駅は15分，動物園は25分かかる。博物館と駅は(2)のウとエで解答したように，取材できる時間帯がまったく同じで2回しかないため，博物館と駅のどちらを先に行くかを考えなければならない。よって，美術館と動物園はあとで行くことにする。ここで昼食のあとに行く場所を考えると，13時から取材可能で農園以外のところは電波塔と展望台がある。展望台には

もう行ったので昼食のあとは電波塔に行くと考えられる。13時20分に取材が終わる電波塔のあとに行くところとして13時30分からの取材が可能で13時30分からが最後の取材である博物館と駅があげられるが、博物館に着くまでの時間は15分、電波塔から駅に着くまでの時間は5分であるため、電波塔のあとに行くところは駅である。よって、11時からの取材は博物館に行くことになる。

④　14時10分に取材が終わる駅のあとに行く場所として農園以外のまだ行ったことのない14時30分から取材可能である美術館が考えられる。駅から美術館に着くまでの時間は5分であるため、移動時間も取ることができる。14時50分に取材が終わる美術館のあとに行く場所として、7か所の中でまだ行っていないところは動物園である。15時から取材が可能で、美術館から動物園に着くまでの時間は5分であるため、移動時間も取ることができる。また15時40分に取材が終わる動物園のあとに行く場所は16時から取材が可能である農園であり、動物園から農園に着くまでの時間は15分であるため、移動時間も取ることができる。

★ワンポイントアドバイス★

長い文書を読み取り、理解する力が求められる。文章に線をひいたり、わかりやすくメモをしたりしておくとよい。どちらも落ち着いて取り組むことが必要である。解答時間は45分であり、どちらか1つの問題に集中しすぎるともう1つの問題が終わらなくなってしまう可能性があるので、時間配分にも注意したい。

＜適性検査Ⅱ解答例＞

1　(1)　1　スキーを楽しむことができる。
　　　　2　雪祭りなどの行事を楽しむことができる。
　　　　3　冬が旬のおいしい食べ物が多い。
　　　　4　雪だるまを作ったり、雪合戦をしたりなど、雪で遊ぶことができる。
　　　　5　きれいな雪景色を楽しむことができる。
　　(2)　1　雪かきをするのに苦労する。
　　　　2　交通機関が乱れることがある。
　　　　3　寒くて体調をこわしやすい。
　　　　4　滑って転び、けがをしやすくなる。
　　　　5　自転車に乗ることができない。
　　(3)　冬の間は寒く乾燥しているので、体調をこわしやすいと思うかもしれませんが、建物の中は暖かく過ごしやすいため、すぐに慣れるはずです。なんといっても、私が暮らしている札幌は、冬にたくさんの雪が積もるので、スキーなどの冬のスポーツを楽しむことができます。一面、雪景色の中でスキーをすることはとても感動的で、体にも心にもよい効果があります。ぜひ、札幌で快適な生活を送ってください。

2　(1)・各自の得意、不得意に応じた役割分担になっていないため、話し合いがスムーズに進んでいない。
　　　・言いたいことがあるはずなのに、意見を言うことができない。

・それぞれが，ばらばらなことを言っていて，話がかみ合っていない。
・じっくりとお互いの意見を考えずに賛成している。
・感情的になって議論がとまってしまう。
・一人の意見が強くなりすぎて，他の人が意見を言えない形になっている。
・結論を出すことを目的としていたため，各自の考えが深まっていない。
(2) 私は，じっくりとお互いの意見を考えずに賛成していることが課題だと考えました。このことによって，テーマについての議論が深まらず，表面的に納得するだけで終わってしまうという問題点が発生することが考えられます。この問題点を解決するために，お互いの意見の違いをじっくり考えて，どの点に違いがあるのかということについて議論することを提案します。

○配点○
① (1) 各3点×5(正解1つにつき3点，同じ魅力を別の言い方で表現している解答が複数ある場合は，そのうちの1つのみを正解とする。) (2) 各3点×5(正解1つにつき3点，同じ課題を別の言い方で表現している解答が複数ある場合は，そのうちの1つのみを正解とする。) (3) 20点(①札幌の冬の生活に対する不安を少なくする表現がある場合に10点，不安のみ記載し，それを少なくする表現がない場合は5点を与える。②札幌の冬の魅力を一層伝える表現がある場合に10点，単に冬の魅力のみを記載している場合は，5点を与える。③全体の表現が手紙文としてふさわしくない場合は5点減点。) ② (1) 各 5点×5(正解1つにつき5点，同じ課題を別の言い方で表現している解答が複数ある場合は，そのうちの1つのみを正解とする。) (2) 25点(条件エを満たしていない場合は0点，条件エを満たしている場合，条件アのみ満たしていれば5点，条件アを満たし，条件イを満たしていれば15点を与える。条件ア～エすべてを満たしていれば25点。) 計100点

＜適性検査Ⅱ解説＞

① (社会・国語：北海道，手紙の書き方)

(1) 札幌雪まつりなど札幌にしかない魅力のほか，スキーや雪遊びなどほかの地方にもみられる魅力を合わせて5つ書けばよい。雪に限定せず，食べ物がおいしいことや 断熱・暖房設備が充実しているため室内が暖かいことなどを書くのもよい。ただし，冬が関係する魅力を選ぶ必要があるので注意する。

(2) 多くの人が札幌の冬に不安を感じるのは雪や寒さによると考えられるので，それらに関係する課題を書けばよい。「雪が多く降って大変。」などの抽象的なことを書くのではなく，実際に生活する中でどんな不便があるかを具体的に書くとよい。

(3) 「札幌の冬の生活に対する不安をできるだけ少なくする。」という条件があるので，(2)で考えた不安のもととなる課題に対して，自分なりの前向きな意見を述べられるとよい。また，(1)で考えた魅力を参考にそれに対する自分の感想などもふくめながら，札幌の冬の魅力をアピールするようにする。手紙なので，手紙としてふさわしい表現で書くことに注意する。

重要 ② (総合問題：グループでの話し合いの長所・短所，条件作文)

(1) 「みんなから出た意見を書いてまとめるほうが好きなんだけれどね。」や「みんなの話を書くのに忙しくて，あまり自分の意見を言えないよね。」といったセリフから，書いてまとめることが得意な人の代わりに苦手な人が記録係になってしまっており，役割分担がうまくいってな

いことがわかる。また,「記録していると,なかなか考えられないな。」というセリフから,役割分担が不適切なことによって話し合いも進みづらくなっていることがわかる。ゆうたさんの「なんかみんな,ばらばらなことを話していて,今,何について話し合ったらよいのか分からなくなってきたよ。」という文からは話がかみ合わず,話し合いが進まなくなっていることが分かる。「かなえさんがかわいそうだ。」「かなえさんのことが嫌いなのかい。」などのセリフからは,意見の内容を客観的に理解しようとするのではなく,感情的になって意見の内容について十分吟味できていないことがわかる。このように,それぞれのセリフから,話し合いの様子を想像し,誰がどのような姿勢で話し合いに望んでいるのかを把握しながら改善した方がよい点を探す。

(2)　条件が4つあるので,注意して全て満たすようにする。条件ア,イ,ウにそって「自分がどんな課題を考えたか」→「その課題から何が引き起こされると思うか」→「それを防ぐためにこうするべきだ」という流れで書くとよい。

─★ワンポイントアドバイス★─

自分で考えた要素を使って,文章を作る問題になっているため,条件を満たしつつ自分の意思がしっかり伝わるような文を書くことがポイント。条件が文章の構成を決めるヒントになることもあるので,注意してみよう。

平成29年度
★★★★★★★★★★★★★★★★★★★★★★

入 試 問 題

平成29年度

市立札幌開成中等教育学校入試問題

【適性検査Ⅰ】 （45分）　＜満点：100点＞

1　ある学校で，ロボットコンテストに応募するために，開成ロボというロボットをつくりました。
　この開成ロボは，下の説明資料にあるように，キーボードの操作にもとづいて，本体に記された矢印（⬆）の方向に移動したり，その場で回転したりします。開成ロボの操作は，キーボードの数字を押して行います。

説明資料　開成ロボの操作とキーボードの数字の関係
●一マス前へ進め…5
●二マス前へ進め…8
●その場で時計回りに90度回転しろ…6
●その場で時計回りに270度回転し， 　一マス前へ進め…4
※　時計回りとは右回り（↻）のこと。

　さて，完成した開成ロボを，ロボットコンテストで使う，たて9マス，よこ9マスのフィールド（図1）の中の，たてE，よこオの位置に北向きで置いてみました。

図1

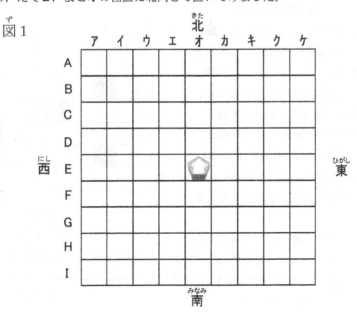

次の(1)から(5)の問いに答えましょう。なお，(1)と(3)の問いに答えるにあたっては，キーボードを押す回数が最も少ない場合で答えることとします。また，フィールドの外に出てしまうような操作は，失格になるので行わないものとします。

(1) 開成ロボを図1と同じ下のフィールドの「S地点」（たてE・よこオ）に北向きで置いた場合，「S地点」から「X地点」（たてB・よこオ）を通って「Y地点」（たてB・よこケ）にたどり着くためには，どのようにキーボードを押す必要がありますか。押す順番に数字を並べて書きましょう。

北

	ア	イ	ウ	エ	オ	カ	キ	ク	ケ
A									
B					X				Y
C									
D									
E					S				
F									
G									
H									
I									

西　　　　　　　　　　　　　　東

南

(2) 開成ロボを，(1)と同じフィールドの「S地点」（たてE・よこオ）に北向きで置き，「６８６６５６５４５」とキーボードを押した場合，開成ロボはどこにたどり着くでしょうか。たてA～I，よこア～ケの記号を書きましょう。

(3) 次に，たて9マス，よこ9マスで，■のマスに障害となる壁を設けた新たなフィールド（図2）の「S地点」（たてE・よこオ）に，開成ロボを北向きで置きました。この場合，「S地点」から「X地点」（たてH・よこウ）を通って「Y地点」（たてH・よこカ）にたどり着くためには，どのようにキーボードを押す必要がありますか。押す順番に数字を並べて書きましょう。

※ フィールド内の■の部分には障害となる壁を設けていて，その中に入ろうとすると壁にぶつかって，開成ロボは前に進むことができないものとします。

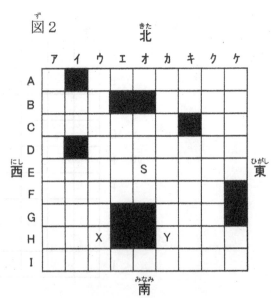

図2

北

(4) 今度は，開成ロボに「ガイア」という新たなプログラムを設定してみました。この新プログラム「ガイア」には，開成ロボが障害となる壁にぶつかったら，時計回りに180度自動回転するとともに，一マス前に進むという，これまでにない機能がついています。この新プログラム「ガイア」を用いて，開成ロボを，(3)と同じフィールドの「S地点」（たてE・よこオ）に西向きで置き（図3），「8565845」とキーボードを押した場合，開成ロボはどこにたどり着くでしょうか。たてA～I，よこア～ケの記号を書きましょう。

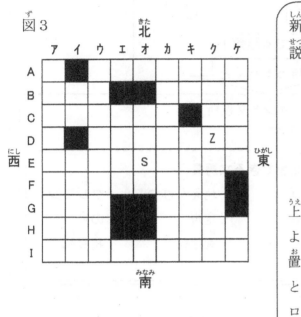

上の図の「S地点」（たてE・よこウ）に北向きで開成ロボを置き、「85」または「58」とキーボードを押すと、開成ロボは壁にぶつかり、180度回転して「G地点」（たてD・よこウ）に南向きでたどり着く。

(5) 次に，(4)と同じく新プログラム「ガイア」を設定して，(4)と同じフィールドで，「85654」とキーボードを押した場合，開成ロボは，図3の「Z地点」（たてD・よこク）に西向きでたどり着きました。さて，始めに，開成ロボをどの位置にどの向きで置いたでしょうか。たてA～I，よこア～ケの記号と東，西，南，北の文字を書きましょう。

2 次の文章と会話文をよく読んで，(1)から(6)の問いに答えましょう。
　ある町内会の子ども祭りでは，会場にかくされたカードを子どもたちに探してもらい，あらかじめ決めておいたルールに基づいて，見つけたカードと文房具を交換するイベントを行うことにしました。
　子ども祭り当日，会場では，たくさんの子どもたちがカードを探しています。次のページの図と文は，イベントの内容を紹介する町内会の「お知らせ」と，会場でカードを探している子どもたちの会話です。

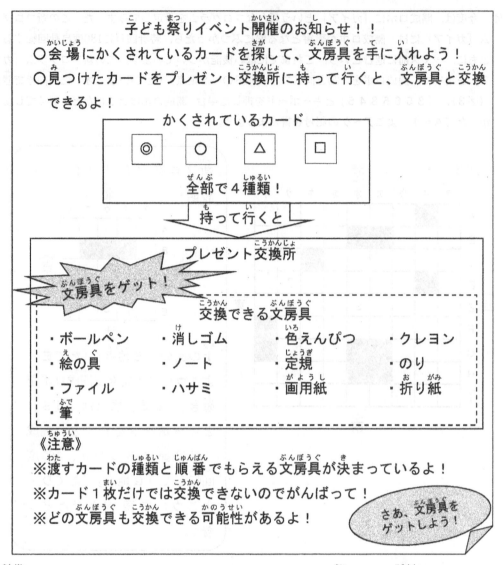

子ども祭りイベント開催のお知らせ！！

〇会場にかくされているカードを探して、文房具を手に入れよう！

〇見つけたカードをプレゼント交換所に持って行くと、文房具と交換
　できるよ！

── かくされているカード ──

◎　　○　　△　　□

全部で４種類！

│
持って行くと
↓

プレゼント交換所

文房具をゲット！

交換できる文房具

・ボールペン　・消しゴム　・色えんぴつ　・クレヨン
・絵の具　　　・ノート　　・定規　　　　・のり
・ファイル　　・ハサミ　　・画用紙　　　・折り紙
・筆

《注意》

※渡すカードの種類と順番でもらえる文房具が決まっているよ！

※カード１枚だけでは交換できないのでがんばって！

※どの文房具も交換できる可能性があるよ！

さあ、文房具を
ゲットしよう！

北川さん：かくされているカードはたくさんあるらしいよ。１枚だけでは交換できないらしいか
　　　　　ら，いっぱい見つけよう。

竹内さん：でも，「お知らせ」に書いてある他の《注意》も気になるね。

中西さん：さっき，◎のカードを２枚見つけた人から聞いたんだけど，カードを交換所に持って
　　　　　行ったら，もらえたのは「ボールペン」１つだけだったって。また，①○，△，□のカー
　　　　　ドを１枚ずつ持って行った人もいたけど，その人は「筆」を１つだけもらって，最後に
　　　　　渡したカードは返されたって言っていたよ。

竹内さん：そうそう。　私の友だちも②△，◎，□のカードを１枚ずつ持って行ったんだけど，もら
　　　　　えたのは「画用紙」１つだけで，やっぱり最後に渡したカードは返されたって。

中西さん：カードの枚数分の文房具がもらえるわけじゃないみたいだね。

山田さん：私は「ボールペン」が欲しいから，◎のカードが２枚あればいいんだよね。そういえば，
　　　　　さっき，カードを４枚持って行った人は文房具を２つもらっていたよ。

北川さん：あ，原田さんだ。文房具を３つ持っているよ。

原田さん：◎と△と□のカードをそれぞれ２枚ずつ見つけたから，今，カードを文房具と交換してきたんだよ。

北川さん：あ，わかった。きっと ア 枚のカードで１つの文房具がもらえるんじゃないかな。それで，原田さんはどんな文房具をもらったの。

原田さん：私は，「ファイル」と「折り紙」と「色えんぴつ」をもらったよ。

山田さん：あれ。◎のカードが２枚入っているのに，「ボールペン」じゃなかったの。

原田さん：うん。「色えんぴつ」だったよ。

中西さん：そうか。「お知らせ」に書いてあった通り，交換するときに渡すカードの順番が関係しているんじゃないかな。交換するとき，どんな順番でカードを渡したの。

原田さん：最初に□，△の順でカードを渡したら「折り紙」がもらえて，次に◎，△の順で渡したら「色えんぴつ」がもらえて，最後に◎，□の順で渡したら「ファイル」がもらえたよ。

中西さん：ほら，やっぱり順番が関係しているよ。

竹内さん：私は，「画用紙」と「絵の具」と「筆」が欲しいなぁ。どのカードを見つけたらいいんだろう。

中西さん：それなら，どのカードをどんな順番で渡して，何をもらったのかをいろいろな人に聞いてみようよ。

北川さん：さっき聞いた小林さんは，△，□，○，□の順番でカードを渡して交換していたよ。

中西さん：それで，何の文房具をもらっていたの。

北川さん：えっと，確か「ファイル」と「ハサミ」の２つをもらっていたよ。

野口さん：えっ。私も，△，□，○，□の４枚カードを持って行ったけど，もらったのは「ハサミ」と「クレヨン」だったよ。

北川さん：あっ，カードを渡す順番が大事みたいだよ。野口さんは，どんな順番でカードを渡したの。

野口さん：私は，□，○，△，□の順番で渡したよ。

中西さん：とすると，ハサミをもらうためには， イ ， ウ の順番でカードを渡さなければならないってことだね。

北川さん：そうか。じゃあ，小林さんと野口さんのもらった文房具から， エ と オ も，もらう順番がわかったね。

中西さん：他の人はどうなんだろう。聞いてみようよ。

野口さん：私の友だちに聞いてみたら，□と△のカードを２枚ずつ持って行き交換したら，「のり」と「ファイル」をもらったと言っていたよ。

山田さん：私の友だちは，◎，○の順番で「消しゴム」を，△，◎の順番で「のり」をもらったって。

北川さん：ということは，「ファイル」と「のり」は，カードを渡す順番が１通りとは限らないね。

竹内さん：私の欲しい③「画用紙」と「絵の具」と「筆」を手に入れるためには，最低限必要な６枚のカードのうち，どのマークのカードを何枚ずつ見つければいいのかなぁ。

(1) ア にあてはまる数を書きましょう。

(2) イ と ウ にあてはまるカードのマークを，それぞれ書きましょう。

(3) ⬛**エ** と ⬛**オ** にあてはまる文房具を，それぞれ書きましょう。

(4) 下線部①について，この人が持っているカードを交換所に持って行くと，「筆」以外にどんな文房具をもらえる可能性がありますか。会話文の内容から確実に言えるものをすべて書きましょう。

(5) 下線部②について，この人が交換所で渡したカードの順番を，カードのマークで書きましょう。

(6) 下線部③について，「画用紙」と「絵の具」と「筆」を手に入れるためには，6枚のカードのうち，どのマークのカードを何枚ずつ見つければよいでしょうか。実際に文房具をもらえる可能性のあるものを1つ考えて，4種類のカードのそれぞれの枚数を書きましょう。

【適性検査Ⅱ】 （45分） ＜満点：100点＞

1 山口さんは，冬休みに，雪をテーマとした自由研究を行うことにし，雪に関する疑問をできるだけ考えてみるために，手がかりとなる言葉を決めて，それに対する疑問を，下の表にまとめました。表をよく見て，(1)から(3)の問いに答えましょう。

手がかりとなる言葉	自分で考えた疑問
美しさ	「美しさ」という言葉を手がかりとして雪について考えると、[例1 なぜ人は雪を美しいと感じるのか]という疑問が生まれた。
色	「色」という言葉を手がかりとして雪について考えると、[例2 なぜ雪は白く見えるのか]という疑問が生まれた。
変化	「変化」という言葉を手がかりとして雪について考えると、[①]という疑問が生まれた。
伝える	「伝える」という言葉を手がかりとして雪について考えると、[②]という疑問が生まれた。
人を集める	「人を集める」という言葉を手がかりとして雪について考えると、[③]という疑問が生まれた。
新たなものを創り出す	「新たなものを創り出す」という言葉を手がかりとして雪について考えると、[④]という疑問が生まれた。
より良くする	「より良くする」という言葉を手がかりとして雪について考えると、[⑤]という疑問が生まれた。
目に見えるもの	「目に見えるもの」という言葉を手がかりとして雪について考えると、[⑥]という疑問が生まれた。
札幌と世界のつながり	「札幌と世界のつながり」という言葉を手がかりとして雪について考えると、[⑦]という疑問が生まれた。
[⑧]	「[⑧]」という言葉を手がかりとして雪について考えると、[⑨]という疑問が生まれた。

(1) あなたなら，どのような疑問を考えますか。前のページの表の**例1**と**例2**を参考にしながら，表の左側の言葉を手がかりとして，表の空欄［①］から［⑦］に当てはまる疑問を書きましょう。

(2) あなた自身で手がかりとなる言葉を1つ決めて疑問を考えるとしたら，どのように考えますか。表の空欄［⑧］に手がかりとなる言葉を書き，それに対する疑問を，表の空欄［⑨］に書きましょう。

(3) 山口さんは，表の疑問を1つ選んで，友人の中村さんに，なぜ，手がかりとなる言葉からそれに対する疑問が生まれたのかを，山口さん自身が見たり感じたりなどした体験と結びつけて，具体的に説明することになりました。

　さて，あなたなら，どのように説明しますか。

　あなたが答えた表の疑問を1つ選んで，その疑問を紹介しながら，あなた自身が見たり感じたりなどした体験と結びつけて，手がかりとなる言葉からその疑問が生まれた理由を，具体的に説明する文章を書きましょう。

2 　右のイラストは，山本さんのクラスの本棚です。このイラストと，あとに続く会話文をよく読んで，(1)と(2)の問いに答えましょう。

山本さん：私たちのクラスで人気の高い本のベスト3を調べたら，『マナビーの冒険』『カイ星語の学び方』『開成ロボ入門』の3冊だったね。

大西さん：そうだね。今度読んでみようかな。あれ，人気の3冊は，本棚のどの位置にあるのかな。えーと，『マナビーの冒険』は，横積みになっているけど，一番上の棚にあるね。残りの2冊はどこにあるのかな。

山本さん：本の題名が見えないしまい方をしている本もあるから，すぐにどれがどの本かわからないね。探してみるね。あった。真ん中の棚に『開成ロボ入門』があるのを見つけたよ。

大西さん：じゃあ，『カイ星語の学び方』も丁寧に探したらみつかるね。きっと。

※　本の題名や著者名などは○で表しています。

(1) イラストや会話文から，山本さんのクラスの本棚には，本棚として利用するために，改善した方がよい問題点があると考えられます。あなたは，この本棚にはどのような問題点があると思いますか。下の例にならって，あなたが気づいた問題点を，他の人に伝わるような文にして，10個書きましょう。

例：本棚の外側に本が立てかけられている。

(2) 山本さんのクラスでは，みんなで話し合って，本棚として利用するための改善をするために，みんなで意見を出し合うことになりました。あなたなら，どのような問題点をどのように改善しますか。山本さんのクラスの人たちに改善案を説明する文章を書きましょう。

なお，次の条件に合わせて書くようにしてください。

条件ア　(1)であなたが取り上げた問題点を1つだけ書いてください。

条件イ　条件アで取り上げた問題点の何が問題なのか，その理由を書くようにしてください。

条件ウ　条件イで書いた理由を踏まえて，問題点を改善するための方法について，具体的な例を示しながら書くようにしてください。

条件エ　文章は，150字以上，200字以内で書いてください。「。」や［，］も1字として数えてください。

※下の原稿用紙は下書き用なので，使っても使わなくてもかまいません。解答は，解答用紙に書きましょう。

※◆の印から，横書きで書きましょう。途中で行を変えないで，続けて書きましょう。

（下書き用）

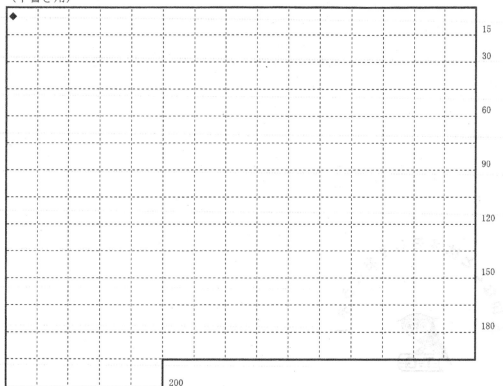

大切なことはメモしておこうネ!

平成 29 年度

解 答 と 解 説

《平成29年度の配点は解答欄に掲載してあります。》

＜適性検査Ⅰ解答例＞

1 (1) 85688　または　58688
  (2) (たて)D・(よこ)エ
  (3) 45485484　または　45458484
  (4) (たて)H・(よこ)イ
  (5) (たて)E・(よこ)カ
     (の位置に)東(向きで置いた。)

2 (1) ア　2
  (2) イ　△　　ウ　□
  (3) エ　ファイル
     オ　クレヨン
  (4) ハサミ　ファイル　折り紙　クレヨン
  (5) □　→　◎　→　△
  (6) ◎1枚，○3枚，△1枚，□1枚
     または
     ◎2枚，○2枚，△1枚，□1枚
     または
     ◎1枚，○2枚，△2枚，□1枚

○配点○
1 完答各10点×5　　2 (1)　5点　　(2)　完答5点　　(3)　各5点×2　　その他　各完答
10点×3　　計100点

＜適性検査Ⅰ解説＞

重要 1 (算数：ロボットの移動操作)

(1)　S地点では北向きに置いてあるから，X地点まではそのままの向きで前へ3マス進めばよい。
   ここで，キーボードを押す回数を最も少なくすることから，「1マス前へ進め」の操作3回ではな
   く，「1マス前へ進め」の操作と，「2マス前へ進め」の操作を1回ずつ行う。どちらを先に行うかで，
   2通りの押し方がある。X地点にとう着したときは北向きだから，X地点で「その場で時計回り
   に90度回転」して向きを東向きにしたあと，「2マス前へ進め」の操作を2回行えば，開成ロボは
   Y地点にたどり着く。
   　したがって，キーボードの押し方は，85688または58688となる。

(2)　開成ロボの位置と向きを，キーボード操作にしたがってたどって行く。66は「その場で向き
   を時計回りに180度回転させる」操作となる。したがって，
   　　6でS地点(たてE・よこオ)東向き，

8で(たてE・よこキ)東向き，66で(たてE・よこキ)西向き，

5で(たてE・よこカ)西向き，6で(たてE・よこカ)北向き，

5で(たてD・よこカ)北向き，

4で(たてD・よこオ)西向き，

5で(たてD・よこエ)西向き

となるから，686656545と押すと，(たてD・よこエ)にたどり着く。

(3) 障害の壁に対し，左から回り込んでYにキーボード操作が最小回数でたどり着く方法を考えればよい。(たてE・よこウ)をP地点，(たてF・よこウ)をQ地点と表してみよう。このとき，Q地点は必ず通るが，P地点を通る場合と通らない場合がある。

　また，キーボードの操作回数を減らすために，回転した上でさらに1マス進むという，4の操作を効率的に使うことを念頭に考える。

　まずP地点を通ってQ地点へ行く方法を考える。P地点に行くには，S地点で向きを変えて2マス左に進めばよい。これは45と押せば済む。いま，P地点西向きだから，4を押せばQ地点南向きに達する。この方法は，454だけでS地点からQ地点に着いている。P地点を通らない場合，3回以下のキーボード操作でQ地点に着くことはできないから，この問いの答えとはならない。

　このあと，Q地点南向きから(たてI・よこウ)に達するには，前に3マス進むことになる。(1)より，3マス進む方法には58または85という押し方がある。(たてI・よこウ)に達したあとは，さらに向きを変えて2マス進むために48と押し，続いて4を押せばY地点にたどり着く。

　したがって，45485484または45458484と押せば，S地点からX地点を通ってY地点にたどり着くことがわかる。

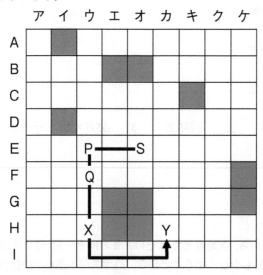

(4) ガイアの機能がついた開成ロボの位置と向きを，(2)と同様に，キーボード操作にしたがってたどって行く。ガイアの説明によると，「壁の直前で壁に向かって1マス進もうとすると，反対向きに回転して1マス進む」ようにプログラムされていることがわかる。

　　S地点西向きから85で(たてE・よこイ)西向き，6で(たてE・よこイ)北向き，

　　5で壁にぶつかり(たてF・よこイ)南向き，

　　8で(たてH・よこイ)南向き，

　　4で(たてH・よこウ)東向き，

　　5で壁にぶつかり(たてH・よこイ)西向き

となるから，8565845と押すと，たてH・よこイにたどり着く。

(5) 1つずつ逆にたどって考える。

85654でZ地点（たてD・よこク）西向き。

これが4の操作の結果だから，4の操作をする前のロボの位置と向きは，8565（たてD・よこケ）北向き。これが5の結果である。

もし，5の操作をする前のロボの位置と向きが，856で（たてE・よこケ）北向きであるとすると，6の操作による回転前のロボは，85で（たてE・よこケ）西向きとなる。しかしこれは，5の操作をする前のロボの位置がフィールドの外になり，失格となってしまうのでおかしい。

そこで，8565の操作で（たてD・よこケ）北向きとなるところから考え直す。ガイアの機能が使われた結果，（たてD・よこケ）北向きになったと考えてみる。856で（たてE・よこケ）南向きから5の操作を行えば，ガイアの機能から，1マス進もうとして壁にぶつかり，ロボの位置と向きは（たてD・よこケ）北向きとなるので，つじつまがあう。

856の操作で（たてE・よこケ）南向きとすれば，後は同じように1つずつ逆にたどって，

85で（たてE・よこケ）東向き，8で（たてE・よこク）東向き

より，始めの位置と向きは，（たてE・よこカ）東向きとなる。

---

2 （算数：プレゼント交換のイベント，条件処理）

(1) 「お知らせ」に，カード1枚では文房具との交換はできないとある。中西さん，竹内さんの話によると，カード3枚で1つの文房具と交換できた人を知っていると言う。山田さんは4枚で2つの文房具と交換できた人がいると言っている。原田さんは6枚のカードで3つ文房具と交換して来た。北川さんがここまでの情報を得て，1つの文房具がもらえるカードの枚数を推測するとすれば，「2枚のカードで1つの文房具がもらえるんじゃないかな」と言ったはずである。

(2)(3) 順番ありの2枚セットで1つの文房具がもらえる。

小林さんは，｜△，□｜，｜○，□｜で「ハサミ」と「ファイル」をもらい，

野口さんは，｜□，○｜，｜△，□｜で「ハサミ」と「クレヨン」をもらった。

ここから，共通してもらった「ハサミ」は｜△，□｜，それぞれがもらった「ファイル」と「クレヨン」は｜○，□｜⇒「ファイル」，｜□，○｜⇒「クレヨン」とわかる。

(4) この人が持って行った○と△と□から順番ありで2枚をセットにすると，｜○，△｜，｜△，○｜，｜○，□｜，｜□，○｜，｜△，□｜，｜□，△｜の6通りが考えられる。(2)(3)より，｜△，□｜，｜○，□｜，｜□，○｜ではそれぞれ「ハサミ」，「ファイル」，「クレヨン」がもらえることがわかる。また，原田さんの発言から｜□，△｜では「折り紙」がもらえる。したがってこの人は，残ったセットの｜○，△｜か｜△，○｜で「筆」をもらったのである。

(5) この人が持って行った△と◎と□から順番ありで2枚をセットにすると，｜△，◎｜，｜◎，△｜，｜△，□｜，｜□，△｜，｜◎，□｜，｜□，◎｜の6通りが考えられる。原田さん・山田さんの発言と(2)(3)より，｜△，◎｜⇒「のり」，｜◎，△｜⇒「色えんぴつ」，｜△，□｜⇒「ハサミ」，｜□，△｜⇒「折り紙」，｜◎，□｜⇒「ファイル」と対応していることがわかる。したがって｜□，◎，△｜の順番で渡して「画用紙」をもらい，最後の△は返されたことになる。

重要 (6) 野口さんの友だちは，□2枚，△2枚を交換したが，「ハサミ」も「折り紙」ももらっていないので，｜□，□｜と｜△，△｜という渡し方で「のり」と「ファイル」をもらったのである。

同じ種類のカード2枚では，

｜◎，◎｜⇒「ボールペン」

｜○，○｜⇒「？」

$\left.\begin{array}{l}|\triangle,\ \triangle| \\ |\square,\ \square|\end{array}\right\}$一方が「のり」で他方が「ファイル」

◎，○，△，□から順番ありで2枚をセットにすると，(1)～(5)・その他の発言から，

|◎，○|⇒「消しゴム」

|○，◎|⇒「？²」

|◎，△|⇒「色えんぴつ」

|△，◎|⇒「のり」

|◎，□|⇒「ファイル」

|□，◎|⇒「画用紙」

$\left.\begin{array}{l}|○,\ \triangle| \\ |\triangle,\ ○|\end{array}\right\}$一方が「筆」で他方が「？³」

|○，□|⇒「ファイル」

|□，○|⇒「クレヨン」

|△，□|⇒「ハサミ」

|□，△|⇒「折り紙」

とわかる。

「どの文房具も交換できる可能性がある」とお知らせにあるから，「？」となっているところに絵の具，ノート，定規が入るはずである。

4種類のカードの枚数を解答する問題なので，「筆」のもらい方が|○，△|か|△，○|であるか決まっていないが，○と△で「筆」がもらえるという情報で十分である。

そこで，？¹＝絵の具とすれば，

|○，○|⇒絵の具，|□，◎|⇒「画用紙」，○と△で「筆」

？²＝絵の具とすれば，

|○，◎|⇒絵の具，|□，◎|⇒「画用紙」，○と△で「筆」

？³＝絵の具とすれば，

|□，◎|⇒「画用紙」，|○，△|と|△，○|で「絵の具」と「筆」

となるから，まとめると，

◎1枚，○3枚，△1枚，□1枚

または，◎2枚，○2枚，△1枚，□1枚

または，◎1枚，○2枚，△2枚，□1枚

を見つければ，「画用紙」と「絵の具」と「筆」を手に入れることができるということになる。

─★ワンポイントアドバイス★─

1は，数字キーでロボットを移動させる問題である。ロボットが壁に当たったときの動きを理解することと，とう着地点からキーボード操作を逆にたどる思考が決め手である。

2の会話文はつくりごとが目立ちややこしい。しかし，何とか自分なりに図をかくなどして，ねばり強く解答を導いてほしい。

＜適性検査Ⅱ解答例＞

1 (1)① なぜ雪は溶けると水になるのか

② 雪の恐ろしさをどのように伝えると良いか

③ 雪を利用して観光客を集めることはできるか

④ 雪で雪像をつくることは誰が考えたのか

⑤ 昔と比べて除雪は良くなったのか

⑥ 雪の結晶はどのように見えるか

⑦ 札幌と同じくらい雪が降る海外の都市はどこか

(2)⑧ しくみ

⑨ 雪が溶けるしくみはどのようになっているか

(3) 例1の場合

「美しさ」という言葉から「なぜ人は雪を美しいと感じるのか」という疑問が生まれたのは，私自身，朝起きて窓のカーテンを開けたときに見える降ったばかりの雪を美しいと感じるので，そのように感じる理由を調べてみようと思ったからです。

例2の場合

「色」という言葉から「なぜ雪は白く見えるのか」という疑問が生れたのは，同じ氷でも，冷蔵庫の氷は透明に見えるのに，雪の場合は白く見えるので，雪が白く見える理由を調べてみようと思ったからです。

2 (1) 人気の本が一か所にまとまっていない。

背表紙を裏側にして本をしまっている。

本の上に本を置いている。

本棚の上に本を積み上げている。

本棚に本以外のものが入っている。

本がななめに倒れている。

棚の高さよりも背の高い本がある。

本棚にかさが立てかけられている。

本のしまい方が乱雑である。

本の手前に本を立てかけている。

(2) 私は，背表紙を裏側にして本をしまっているのが問題であると思います。なぜなら，そのようにしまうと，どの本をどこにしまっているのかがすぐにわからないという問題点があるからです。そこで私は，本棚の横のかべに，「本の題名が見えるようにしまっていますか」というポスターを掲示したいと思います。そうすることで，うっかり背表紙を裏側にしたまましまうのを防ぐことができると思います。

○配点○

1 (1) 各5点×7 (2) 完答5点 (3) 10点 2 (1) 各2点×10(ただし，10問すべて正解した場合はさらに5点を加える) (2) 25点 計100点

＜適性検査Ⅱ解説＞

やや難 1 (国語：手がかりの言葉，テーマ設定)

(1) 表の「自分で考えた疑問」の列は，「Aという言葉を手がかりとして雪について考えると，B

という疑問が生れた。」の形で，共通した構造をもっている。「手がかり」となる言葉は少し難しいが，例1，2を参考に雪と「手がかりとなる言葉」から連想される疑問を答える。直接連想するのが難しい手がかりの場合は，まずは手がかりの言葉から雪と結び付けやすい言葉を連想するとよい。Bに入る文は，疑問を表す文の形になるように気を付ける。疑問文は「いつ」「どこで」「だれが」「なぜ」「どのように」「どのくらい」という言葉で作られることを思い出すとよい。

(2)　(1)はAが与えられていたが，この問題はAも自分で考える。Aの「手がかりとなる言葉」を先に考えて，考えた手がかりからBの疑問を連想してもよいし，Bの疑問を先に考えて，考えた疑問からAの「手がかりとなる言葉」を連想するという解法も有効である。

(3)　疑問が生れた理由を，「〜と思ったからです」というようにまとめる。表の疑問を1つだけ取り上げてしょう介すること。また，自分が見たり感じたりした体験を書きそえること。

2　（国語：クラスの本棚（ほんだな））

基本

(1)　イラストと会話文から読み取れることを，簡潔に，誰にでもわかる言葉で表現する。順序は問わない。

(2)　条件ア〜エをすべて確実に満たすように書く。改善策（かいぜんさく）のヒントとして，書店や図書館のようすを想像し，そこではどのように整理されているかを考えてみるのもよい。

──★ワンポイントアドバイス★──

何を書けばよいのか，しっかり問題文を読み込もう。正しく条件にあうようにまとめれば，大きな失点はないと考えてよい。2はまことにシンプルな良問であって，日頃の国語力が試されるだろう。「背表紙が奥」「背の高い本」「横積み（平積み）」などの言葉を使いこなそう。

データ対応

収録から外れてしまった年度の
解答解説・解答用紙を弊社ホームページで公開しております。
巻頭ページ＜収録内容＞下方のＱＲコードからアクセス可。

※都合によりホームページでの公開ができない問題については，
　次ページ以降に収録しております。

平成28年度

市立札幌開成中等教育学校入試問題

【適性検査Ⅰ】　（45分）　　＜満点：100点＞

1　次の文章と会話文をよく読んで，(1)から(5)の問いに答えましょう。

　ある日，ヤスオはカイ星という星から来た宇宙人のトナと出会いました。ヤスオとトナは，少しずつ仲良くなっていきました。トナは特殊な力でヤスオの日本語が分かりますが，ヤスオはトナのカイ星語が分かりません。しかし，身振り手振りでコミュニケーションをとっているうちに，ヤスオはトナのカイ星語が少しずつ分かるようになってきました。

　ヤスオは，これまでに分かった日本語の文とカイ星語の文との関係をノートに書いてみました。なお，カイ星語は＜　＞で表すものとします。

> 私はトナです。＝＜ミミ　トナ　イ＞
> 私はあなたが好きです。＝＜ミミ　ホー　ヨリ　イ＞
> 私は本が好きです。＝＜ミミ　ホー　ラミ　イ＞
> 私は難しい本は好きではありません。＝＜ミミ　ホー　デシゾワ　ラミ　ヌ＞
> 私は本が好きでした。＝＜ミミ　ホーホー　ラミ　イ＞
> あなたは本が好きですか。＝＜ヨリ　ホー　ラミ　ノ＞
> あなたは何が好きですか。＝＜バ　ヨリ　ホー　ノ＞

ヤスオ：トナは，私たちについて調べる仕事で地球に来たんだね。ところで，トナは仕事が好きかい。

トナ　：＜　ア　＞＜ミミ　ホー　タコミ　イ＞

ヤスオ：そうか。「仕事」は＜ドノイ＞なんだね。それにしても，トナは私が教えてあげたゲームが好きなんだね。よし，今度はカイ星語で質問してみるよ。ええと，①＜バ　ヨリ　ワソ　ノ＞

トナ　：＜ミミ　ワソ　タコミ　イ＞

ヤスオ：あはは。よほどゲームをして遊ぶのが好きなんだね。

　ヤスオはカイ星語を覚えるのが楽しくなってきました。そこでヤスオは，覚えたカイ星語の言葉をノートにまとめてみました。

日本語	カイ星語	日本語	カイ星語	日本語	カイ星語
食べる	テコ	忘れる	サロ	新しい	ノワ
食べもの	テキ	会う	ミメント	楽しい	ピノワ
働く	ドノオ	友達	シェリ	うれしい	サトーワ
仕事	ドノイ	また	トトテ	まじめに	ローゼ
戻る	ガオ	難しい	デシゾワ	勉強する	スコロ

ヤスオ：へえ，「食べる」が＜テコ＞で「食べもの」が＜テキ＞か。また，「働く」が＜ドノオ＞
　　　　で「仕事」が＜ドノイ＞なんだ。②どうやら，動きを表す言葉と，ものを表す言葉には，
　　　　それぞれきまりがあるようだね。そうすると，「新しい遊び」を意味するカイ星語は，
　　　　＜　イ　＞だね。

　　　ヤスオはカイ星語に夢中ですが，トナは遊びたいようです。

トナ　：＜ネ　ミミ　ヨリ　ワソ　イ＞
ヤスオ：＜ネ＞というのは，相手を誘うときの言葉なんだね。＜ネ＞の後に自分と相手を表す言葉
　　　　を入れたら「～しよう」になるんだ。じゃあ，「また遊ぼう。」はどう言ったらいいの。

トナ　：＜ネ　ミミ　ヨリ　ワソ　トトテ　イ＞
ヤスオ：「また」を表す＜トトテ＞は，＜ワソ＞の後にくるんだ。じゃあ，「私はまじめに勉強する。」
　　　　は＜ミミ　スコロ　ローゼ＞だね。

トナ　：＜ミミ　スコロ　ローゼ　イ＞
ヤスオ：そうだった。つい，最後に＜イ＞をつけるのを忘れちゃうな。気を付けなくちゃ。

　　　ヤスオはトナと楽しい日々を過ごしていましたが，ついに別れのときがやってきました。トナは
カイ星に戻らなくてはなりません。

トナ　：＜ミミ　ガオ　カイ　イ＞　＜ミミ　ホーホー　タコミ　イ＞
ヤスオ：私もゲームが好きだったよ。元気でね，トナ。最後にカイ星語で言うよ。＜　ウ　＞
　　　　お別れの言葉になったかな。

(1)　　ア　に「私は仕事が好きではありません。」という意味のカイ星語を書きましょう。
(2)　下線部①の＜バ　ヨリ　ワソ　ノ＞の意味を日本語で書きましょう。
(3)　下線部②にある「きまり」とはどのようなことでしょうか。「動きを表す言葉」，「ものを表す言葉」のそれぞれについて書きましょう。
(4)　　イ　に「新しい遊び」という意味のカイ星語を，２つの言葉で書きましょう。また，言葉の順番を考えるときに参考にしたカイ星語を，本文中から抜き出して，２つの言葉で書きましょう。
(5)　　ウ　に，本文中から読み取れるカイ星語のきまりを使って，カイ星語の文を書きましょう。また，その意味を日本語で書きましょう。さらに，使ったカイ星語の文のきまりを１つ選んで，その説明を書きましょう。
　　　なお，カイ星語の文は，本文中に出てきた言葉を用いて書くこととしますが，＜ミミ　ホーラミ　イ＞のように，本文中の文をそのまま用いることはできません。

　2　　小川さんの家族では，明日のキャンプの準備について話をしています。よく読んで，あとの(1)から(3)の問いに答えましょう。

お父さん：さあ，いよいよ明日はキャンプだ。

ひろし　：やったあ。

お父さん：明日は早起きだ。今夜はしっかり寝ておこう。

お母さん：お父さんは朝が弱いのに大丈夫なの。最初は私が運転するね。

お父さん：頼もしいな，お母さん。ところで，明日の朝あわてないように，今夜のうちに荷物を車

に積み込もう。

あかね　：えっ，今から荷物を積むの。明日の朝じゃいけないの。

お母さん：荷物がたくさんあるからね。明日の朝でなくてもいいものは，今夜，先に積みましょう。

　　　　　もちろん，明日の朝，積み直すことになったら意味がないからね。

お父さん：うちの車の荷物の収納スペースの大きさは，幅140cm，奥行100cm，高さ100cmだね。

お母さん：座席の足元に荷物を置くのはやめましょう。長時間のドライブになるんだから。

お父さん：分かっているよ。収納スペースだけに積み込もう。ひろし，あかね，荷物の大きさをは

　　　　　かってみてくれないか。

　　　　　（次の図は，子どもたちが大きさをはかったすべての荷物です。）

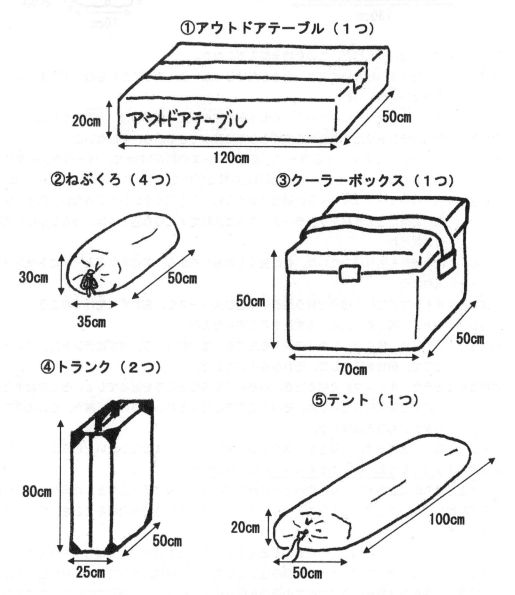

①アウトドアテーブル（1つ）

20cm　アウトドアテーブル　120cm　50cm

②ねぶくろ（4つ）

30cm　35cm　50cm

③クーラーボックス（1つ）

50cm　70cm　50cm

④トランク（2つ）

80cm　25cm　50cm

⑤テント（1つ）

20cm　50cm　100cm

⑥バーベキューグリルセット（1つ）　⑦タオルセット（1つ）

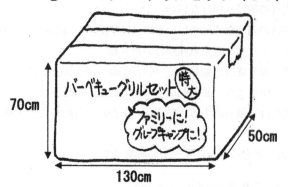
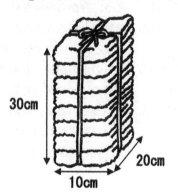

ひろし　：はかり終わったけど，この荷物全部入るかなあ。

お父さん：考えなきゃいけないことは，大きさだけじゃないよ。やわらかいものの上に重いものを置かない方がいいね。

あかね　：こんな大きなバーベキューグリルセットを駐車場から運ぶのは，大変そうだなあ。

お父さん：今回はテントをたてる場所のすぐとなりに駐車できるから，心配ないよ。

あかね　：よかった。でもちょっと待って。収納スペースの幅が140㎝で，バーベキューグリルセットの幅が130㎝でしょ。車が揺れたら横にずれて，不安定になったりしないかな。

お母さん：バーベキューグリルセットの横にはタオルセットを置くといいんじゃない。あと，保冷剤やお肉などの食材をクーラーボックスに入れて車に積み込むのは，今夜じゃなくて明日の朝だね。

あかね　：洗面道具も明日積みたいな。朝に使うものもあるから。着替えなどと一緒にトランクに入れよう。

お父さん：キャンプ場に行く途中で買う炭を積み込むスペースを，忘れずに空けておこう。

ひろし　：キャンプ場に着いたら，まず火をおこすんだよね。

お父さん：いやいや，暗くなってからテントをたてるのは大変だから，まずはテントだ。テントをたてて，荷物を降ろして，それから火おこしだ。

お母さん：そうだ。キャンプから帰るとき，わき水で有名なところを通るでしょ。そこのお水をくんで家に持ち帰りたいな。その水でご飯をたくとおいしいのよ。確か，その場所で水のタンクも買えるはずよ。

ひろし　：ちょっと待って，お母さん。水のタンクを積むスペースなんかないと思うよ。

お父さん：ア大丈夫だよ。帰りにはスペースができるはずだよ。

(1)　子どもたちが大きさをはかったすべての荷物を収納スペースに積み込むとした場合，気を付けなければいけないことは，どんなことでしょうか。会話文中から読み取れることを，すべて書きましょう。

(2)　次のページの絵は，小川さんの家族の車を後ろ側から見たものです。子どもたちが大きさをはかったすべての荷物を収納スペースに積み込むとした場合，前日のうちに積める荷物を積み込んだ状態と，キャンプ当日の朝にすべての荷物を積み込んだ状態のそれぞれについて，例にならって，車の後ろ側から見た図に表しましょう。

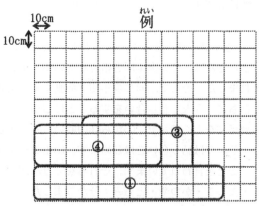

※見えているはずの荷物は、すべて図に表しましょう。

※①、③、④の番号は、それぞれ荷物の番号を表します。

(3) 下線部**ア**で，お父さんはなぜそのように言ったと考えられますか。会話文をもとにして考えられることを書きましょう。

　　ただし，現地で買える水のタンクは，幅30cm，奥行30cm，高さ30cmのもので，車の収納スペースに積むこととします。

【適性検査Ⅱ】　（45分）　＜満点：100点＞

1　さとしさんが活動するスポーツ少年団では，今度の休日にお楽しみ会をすることになっています。さとしさんは，この少年団を指導している山田コーチから，お楽しみ会の計画を立ててほしいと頼まれました。そこで，同じ少年団で活動する，あきらさん，よしこさん，かつやさん，ともみさんとともに，5人で話し合いをすることにしました。次の会話文はそのときの様子です。
　　この会話文をよく読んで，(1)から(3)の問いに答えましょう。

さとし：それでは話し合いをはじめます。山田コーチからは，お楽しみ会についていくつかの約束ごとを言われています。それらを守りながら計画を立てようと思います。いいですか。

あきら・よしこ・かつや・ともみ：分かりました。

ともみ：山田コーチはどのようなことを言っていたの。

さとし：まず，私たちの小学校の教室を借りているので，お楽しみ会はそこでするように言っていました。

あきら：それなら，何かゲームをしようよ。

かつや：そうだね。例えば，チームを組んでみんなで楽しめる百人一首大会なんかどうだろう。教室なら2つの対戦を同時に行えるよ。

よしこ：いい考えだね。

さとし：でも，お楽しみ会のために使えるお金は3,500円までと山田コーチから言われているから，百人一首の札は買えないと思うよ。

よしこ：じゃあ，学校にある百人一首の札も借りられるかどうか，後で山田コーチに相談してみるね。

あきら：それじゃあ，3,500円は何に使おうか。

ともみ：私たちの少年団の人数は28人だから，山田コーチを除いて私たちだけで4チーム作るのがちょうどいいね。AチームとBチーム，CチームとDチームが同時に対戦をして，次に，それぞれの勝ったチームどうしで対戦をして，優勝チームを決めましょう。そして，優勝したチームの人たちに何か賞品を用意するというのはどうかな。

さとし：今の提案をどう思いますか。

あきら・よしこ：いいと思います。

かつや：私は，優勝したチームの人たちだけではなく，全員に何か当たるほうがいいと思うよ。

ともみ：それなら，優勝したチーム以外の人たちにも賞品をあげることにして，優勝したチームの人たちには，それより高い値段の賞品をあげたらどうかな。

かつや：それならいいよ。

あきら：じゃあ，みんなに賞品を買うのなら，3,500円を余らせずにすべて賞品に使うことにしよう。

ともみ：それでいいけれど，もちろん，同じチームの人たちには同じ値段の賞品をあげることでいいよね。

さとし：じゃあ，ここまでの意見をまとめて，私からお金の使い方について提案します。

ア

あきら：そのような値段の決め方なら，ちょうど3,500円になるね。

かつや：でも，山田コーチには何もあげなくていいのかな。

よしこ：じゃあ，お楽しみ会のために使えるお金を増やしてもらえるように，私が山田コーチに相談してみるね。

さとし：それはよくないと思うよ。山田コーチとの約束を守らないことになっちゃうよ。

よしこ：そうだったね。

あきら：じゃあ，さとしさんの提案どおりで決めよう。

かつや：ところで，札を読む人はどうしようか。私たちから出すことにしようか。

ともみ：でも，私たちの中から札を読む人を出してしまうと，すべてのチームを同じ人数で組むことができなくなっちゃうんじゃないかな。

よしこ：それなら，私たちの考えを山田コーチにお話しして，山田コーチに札を読んでもらえないかどうかも相談してみようかな。さとしさん，この相談ならしてもいいよね。

さとし：そうだね。じゃあ，お願いするよ。

あきら：他に考えておくことはないかな。

よしこ：そうだね。チームの決め方も考える必要があるね。

かつや：それは，私たちで話し合って決めていいんだよね。

さとし：そうだね。みんなが納得できる方法を考えることにしよう。そうそう，山田コーチから，お楽しみ会に使える時間は２時間までと言われているから，この時間で全部終われるかどうかも，私たちで確認しなくちゃ。

⑴　さとしさんが山田コーチから守るように言われている約束ごとは，どのようなことでしょうか。会話文中から判断できることを，すべて書きましょう。

⑵　よしこさんが実際に山田コーチに相談することになったのは，どのようなことでしょうか。会話文中から判断できることを，すべて書きましょう。

⑶　会話文中の　ア　に当てはまるように，最終的にまとまったみんなの意見をすべて取り入れながら，さとしさんが提案した内容を書きましょう。

2　私たちが利用する電車をよく見ると，網棚（荷物を置くための棚）のある電車とない電車があります。

次の発言は，電車の網棚についての声をまとめたものです。よく読んで，⑴と⑵の問いに答えましょう。

駅員Ａ：私たちの会社では，お客様が電車に乗っている時間が短いので，電車に網棚を設けていません。荷物は置けませんが，お客様の荷物の置き忘れが少ないので助かります。

乗客Ｂ：私がいつも利用している電車には網棚がありますが，そこに荷物を置いたことはありません。私は網棚に手が届かないので，荷物を置きたくても置けません。

駅員Ｃ：電車が混んでいるときには，荷物を座席に置かずに，電車に設けている網棚に置いていただくようお客様にお願いし，より多くのお客様にお座りいただけるようにしています。

乗客Ｄ：私が普段利用している電車には網棚があり，荷物を網棚に置くことができて便利です。ところが，旅行先でたまたま乗った電車で，網棚がないことに気付かず，いつも

どおり荷物を置こうとして，危なく荷物を座席の上に落としそうになりました。

乗客E：私が利用する電車には網棚がありますが，決して利用することはありません。なぜなら，以前，大切な荷物を置き忘れてしまったからです。

網棚のある電車

網棚

網棚のない電車

(1) 次の表は，電車に網棚がある場合とない場合のそれぞれについて，駅員や乗客たちの発言をまとめた表です。

表の中の（①[　]　　　　　　）から（⑤[　]　　　　　　　　）に，AからEの駅員や乗客たちの発言から考えて，「[D] 荷物を置ける。」のように，発言者とその発言の内容を書きましょう。

	電車に網棚あり	電車に網棚なし
長所	[D] 荷物を置ける。 （①[　]　　　　　）	（②[　]　　　　　　　）
短所	（③[　]　　　　　） （④[　]　　　　　）	[A] 荷物を置けない。 （⑤[　]　　　　　　　）

(2) あなたは，電車には網棚がある方がよいと思いますか。それとも，ない方がよいと思いますか。どちらの考えがよいのかについて，あなた自身の立場を明らかにして，自分の考えを他の人に伝

える文章を書きましょう。

また，次の条件に合わせて書くようにしてください。

条件ア　どちらの考えがよいのかについて，必ず書くようにしてください。

条件イ　AからEの駅員や乗客たちの発言の中から，あなた自身の立場を強くすると思われる発言の内容を1つ取り上げてください。

条件ウ　AからEの駅員や乗客たちの発言の中から，あなた自身の立場を弱くすると思われる発言の内容を1つ取り上げて，さらに，それに対してあなたが考えた解決方法を示してください。

条件エ　文章を短くするのはかまいませんが，どんなに長くても，200字以内で書いてください。「。」や「、」も1字として数えてください。

※下の原稿用紙は下書き用なので，使っても使わなくてもかまいません。解答は，解答用紙に書きましょう。

※◆の印から，横書きで書きましょう。途中で行を変えないで，続けて書きましょう。

（下書き用）

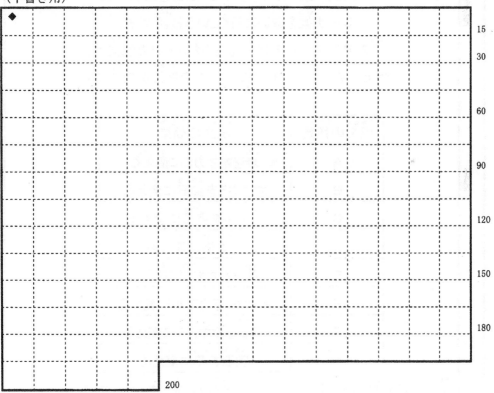

平成27年度

市立札幌開成中等教育学校入試問題

【適性検査Ⅰ】　（45分）　　＜満点：100点＞

1　学校の昼休みに，たろうくんと，ジョンくんと，はなこさんと，ローラさんは，朝読書用の『マナビーの冒険』という本について話をしています。以下に示すのは，『マナビーの冒険』の内容とそれについての4人の会話です。よく読んで，(1)から(5)の問いに答えましょう。

『マナビーの冒険』とは、主人公マナビーが、
8つの魔法の呪文を使って、困難を乗り越え、
レーナ姫を救いに行くというお話です。
下のアルファベット順にならんだA〜Hの呪文は、
マナビーがもともと知っていた8つの魔法の呪文です。

呪文の種類	呪文の効果
A	岩をオオカミに変える
B	オオカミを宝石に変える
C	カエルを宝石に変える
D	花を岩に変える
E	花をオオカミに変える
F	オオカミをカエルに変える
G	宝石をオオカミに変える
H	宝石を花に変える

注1　唱えた呪文の順番通りに、上の呪文の効果があらわれます。
注2　変えるものが目の前になければ、呪文を唱えても効果はありません。

たろうくん：ぼくも，マナビーのように魔法が使えたら，岩にAの呪文を唱えてオオカミに変え，次に，そのオオカミにBの呪文を唱えて宝石をたくさんつくりたいな。

ジョンくん：でも，ぼくだったら，岩を1回で宝石にしようとして，Bの呪文を唱えて，女の子に
　　　　　　プレゼントしちゃいそうだな。

はなこさん：それじゃ呪文の効果はあらわれず，岩はそのままだから，プレゼントされた女の子は
　　　　　　びっくりしちゃうわよ。

ローラさん：ところで，みんなのおもしろかった場面はどこだったの。

はなこさん：わたしは，マナビーがレーナ姫にプレゼントをわたすとき，はじめに，花にDの呪文
　　　　　　を唱えて，次に ア の呪文を唱えて，最後にBの呪文を唱えて，オオカミを宝石
　　　　　　に変えてレーナ姫にわたした場面がおもしろかったわ。

たろうくん：ぼくは，オオカミがおそってきたとき，こわがっているレーナ姫の前にマナビーが
　　　　　　立ちふさがって，オオカミに向かって イ ， ウ の順番で呪文を唱え，最後に
　　　　　　エ の呪文を唱えて，レーナ姫に笑顔で宝石をわたした場面がおもしろかったな。
　　　　　　だって，マナビーは格好つけたがっていたけど，うっかり効果のあらわれない呪文も
　　　　　　唱えていたんだもん。

ローラさん：それに，あの宝石をレーナ姫が大切に持っていたから，悪者のダークが追いかけてき
　　　　　　て，二人がつかまりそうになったとき，レーナ姫からわたされた宝石をマナビーが呪
　　　　　　文でオオカミに変えて，ダークを追いはらうことができたのよね。

ジョンくん：あのとき，マナビーもあせっていて，すぐにGの呪文を唱えれば宝石はオオカミに変
　　　　　　わったのに，最初に オ の呪文を唱えて，次に カ の呪文を唱えて，最後に
　　　　　　キ の呪文を唱えて，毎回違うものに変えたあとで，やっとオオカミになって，悪
　　　　　　者のダークを追いはらったよね。あのときは，間に合わないんじゃないかと思ってド
　　　　　　キドキしたよ。

たろうくん：ぼくがドキドキしたのは，そのあと，悪者のダークがたくさんの仲間と待ちぶせして，
　　　　　　マナビーたちをおそおうとしたとき，マナビーの後ろに広がる花畑の花と岩に，Aの
　　　　　　呪文とEの呪文を唱えて花と岩をたくさんのオオカミに変えて，ダークたちを追いは
　　　　　　らった場面だね。最高だったよ。

はなこさん：でも，あのとき自分がマナビーだったら，最初に ク の呪文を唱え，次に ケ
　　　　　　の呪文を唱えたと思うわ。

ジョンくん：そうだね。その方法でも，花と岩は全部オオカミになるね。

ローラさん：マナビーも格好いいけど，わたしはジューノ仙人も好きだわ。

たろうくん：確かにそうだね。物語の最後のほうで，ジューノ仙人が登場して， コ を サ
　　　　　　に変える呪文Sという新しい秘密の呪文を教えてくれたから，花畑からたくさんのオ
　　　　　　オカミが出てきておそわれそうになったとき，花とオオカミの両方を岩に変えて逃げ
　　　　　　ることができたし，岩山からオオカミが出てきたときは，岩とオオカミの両方を花に
　　　　　　変えて，無事に逃げることができたよね。もし，Sの呪文を知らなかったら，この2
　　　　　　つの困難を，それぞれたった2つの呪文を唱えるだけで乗り越えることはできなかっ
　　　　　　たよね。さすが，ジューノ仙人。

はなこさん：早く，続編が読みたいわ。

⑴ ア にはどの呪文が入るでしょうか。呪文A～Hの中から選びましょう。

⑵ イ ， ウ ， エ には，C，F，Gの呪文が1回ずつ入ります。それぞれどの呪文が入るで

しょうか。2通りの方法を考え，それぞれ呪文C，F，Gの記号で答えましょう。

方法1： イ ， ウ ， エ

方法2： イ ， ウ ， エ

(3) オ ， カ ， キ には，それぞれどの呪文が入るでしょうか。呪文A〜Hの中から選びましょう。また，それらの呪文による変化の様子を，解答用紙の①，②のらんに書きましょう。

宝石→ ① → ② →オオカミ

(4) ク ， ケ には，それぞれどの呪文が入るでしょうか。呪文A〜Hの中から選びましょう。

(5) コ ， サ には，それぞれどのような言葉が入るでしょうか。言葉で書きましょう。

　また，下線部に書かれている「2つの困難」を乗り越えるために，Sの呪文を，他の呪文とどのように組み合わせて順に唱えるとよいでしょうか。それぞれの困難に対して，呪文の唱え方を文章で書きましょう。

2　たろうくんは，お父さんといっしょに，自宅の庭にタイルをしく仕事を手伝うことにしました。以下の文章は，そのときの様子と二人の会話です。よく読んで，(1)から(6)の問いに答えましょう。

　まずお父さんは，正方形のタイルAと，タイルAと同じ形のタイルをつなぎ合わせたタイルBの2種類を持ってきました。

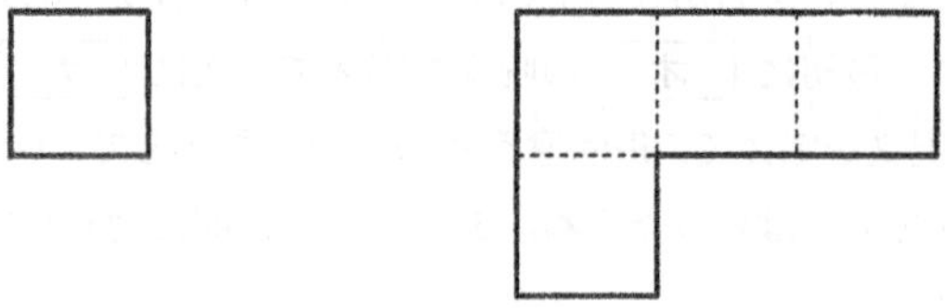

A　　　　　　　**B**

　そして，お父さんは，タイルA1枚とタイルB2枚を使って，右図のような，たて3マス，よこ3マスの正方形をつくって，たろうくんに見せました。（タイルBをうら返して使うことはできないものとします。）

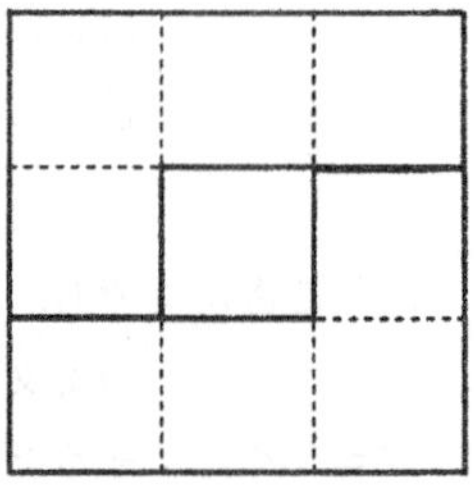

お父さん　：では，タイルA1枚と，タイルBを何枚か使って，①たて5マス，よこ5マスの正方形をつくってごらん。

（作業中）

たろうくん：できたよ。ということは，タイルA1枚と，タイルBを何枚か使えば，どんな正方形でもつくれるのかな。

お父さん　：じゃあ，その条件で，たて4マス，よこ4マスの正方形をつくってごらん。

（作業中）

たろうくん：うーん，何回やってもうまくいかないから，できないんじゃないかな。

お父さん　：本当かい。できるかもしれないよ。

たろうくん：えー，何回やればいいの。それじゃあ終われないよ。

お父さん　：実は，実際にやってみたり，図を描いてみたりしなくても，たて4マス，よこ4マスの正方形全体のマスの数から，タイルAをのぞいた残りのマスの数と，タイルBのマスの数との関係を考えると，すぐにタイルAとタイルBだけではつくれないことがわかるよ。

たろうくん：②本当だ。たて４マス，よこ４マスの正方形はつくれないね。じゃあ，たて６マス，よこ６マスの正方形はつくれるかな。

お父さん　：同じように確かめてごらん。

たろうくん：たて６マス，よこ６マスの正方形も，タイルＡ１枚とタイルＢ何枚かを使ってつくることはできないね。同じように考えると，たてもよこも偶数のマスの数の正方形は，タイルＡ１枚とタイルＢ何枚かを使ってつくることはできないね。

お父さん　：じゃあ，たてもよこも奇数のマスの数の正方形はどうかな。

たろうくん：さっきの場合と同じように，正方形全体のマスの数から，タイルＡをのぞいた残りのマスの数と，タイルＢのマスの数との関係を考えたら，たてもよこも奇数のマスの数の正方形の場合は，タイルＡ１枚とタイルＢ何枚かを使えば必ずつくることができるね。

お父さん　：うーん，おしい。例えば，全体のマスが９マスの場合，タイルＡの１マスをのぞいた残りの数が８マスだから，あとタイルＢを２枚でつくれそうだけど，残った８マスが（　③　）だったらだめだよね。

たろうくん：そうか。マスの数が大丈夫なだけではだめなのか。じゃあ，どうすれば，つくることができるかわかるのかな。

お父さん　：では，たて７マス，よこ７マスの正方形の場合を考えてみよう。たて３マス，よこ３マスの正方形をつくることができることはわかっているので，その周りにタイルＢを何枚かおいて，大きな正方形をつくってみよう。このとき，タイルＢを何枚か組み合わせた パターン１ と パターン２ をいくつか周りにおけば，たて７マス，よこ７マスの正方形をつくることができるよ。④やってごらん。

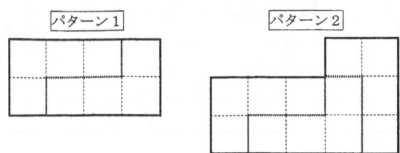

（作業中）

たろうくん：本当だ。たて７マス，よこ７マスの正方形ができた。ということは，さらに，この周りに パターン１ と パターン２ をいくつかおいていけば，たて ア マス，よこ ア マスの正方形もつくれるんだね。つまり，たてもよこも奇数のマスの正方形は，どんどん大きなものをつくることができるのかな。あれ。でも，この方法だけでは，つくることができない奇数のマスの正方形もあるよ。例えば，たて イ マス，よこ イ マスの正方形の場合は，どうすればいいんだろう。

お父さん　：それは，たて５マス，よこ５マスの正方形をさっきつくったから，その周りに パターン１ と パターン２ をいくつかおけば，すぐにできるよ。

たろうくん：そして，同じようにどんどん大きくしていけばいいんだ。これで，たてもよこも奇数

のマスの数の正方形は，タイルAを１枚とタイルBを何枚か使えば必ずつくることができるね。

お父さん　：さて，そこで庭に，タイルAとタイルBをしきつめようと思うんだけど，タイルAとタイルBは何枚必要だろう。

たろうくん：タイルAを何枚使ってもいいの。

お父さん　：実は，タイルAとタイルBは材質が違っていて，タイルAの方がタイルBより値段が高いので，タイルAの枚数は一番少ない枚数にしたいんだ。

たろうくん：わかったよ。⑤「庭の計画図」を見て，お父さんの考えに合うように枚数を考えるよ。

お父さん　：ありがとう。では，これが「庭の計画図」だよ。

　そう言って，お父さんは，たろうくんに「庭の計画図」を渡しました。

「庭の計画図」

　※ただし，花畑スペースにはタイルはしきません。

(1)　下線部①について，どのように組み合わせると，たて５マス，よこ５マスの正方形になるでしょうか。実際に解答用紙に描きましょう。

(2)　下線部②について，たて４マス，よこ４マスの正方形が，タイルA１枚とタイルBを何枚か使ってつくれない理由を書きましょう。

(3)　（③）に当てはまる言葉を書きましょう。

(4)　下線部④について，パターン１とパターン２をどのように組み合わせると，たて７マス，よこ７マスの正方形になるでしょうか。実際に解答用紙に描きましょう。

(5)　たろうくんとお父さんの会話の空らんアとイに当てはまる数字を答えましょう。

(6)　下線部⑤について，タイルAの枚数とタイルBの枚数を，それぞれ答えましょう。

【適性検査Ⅱ】 （45分） ＜満点：100点＞

1 ともみさんのクラスでは，昼休みの時間を使って，班ごとに学校周辺の道路のゴミ拾い活動をはじめることになりました。クラスのみんなの中から，せっかくゴミ拾いをするのだから，みんなのやる気がでるように，ゴミ拾いにかかった時間を毎回記録して，その合計が一番短かった班をクラスで表彰してはどうかという意見が出ました。話し合いの結果，その意見どおりにやってみることになり，担任の先生がゴミ拾いにかかった時間を記録してくれることになりました。

(1) 次の表は，各班が5回ゴミ拾い活動をした時点でのゴミ拾いにかかった時間をともみさんがまとめたものです。クラスでの話し合いどおり表彰する場合，表彰されるのはどの班になりますか。班の番号で答えましょう。

班名	1回目	2回目	3回目	4回目	5回目
1班	11分	14分	12分	15分	14分
2班	15分	12分	16分	10分	12分
3班	14分	13分	12分	10分	13分
4班	14分	12分	14分	13分	14分
5班	12分	10分	12分	14分	16分
6班	9分	13分	14分	15分	12分

(2) ところが，この表をクラスのみんなに見せたところ，次のような感想や意見が出ました。
「時間はかかったけど，とても丁寧にゴミを拾った班もあったよ。」
「遊びながらゴミ拾いをしていて時間のかかった班もあったよ。」
「みんな真剣にゴミ拾いをしても，時間の短かった班もあったよ。」
　さて，担任の先生は，ゴミ拾いにかかった時間と一緒にゴミ拾い活動の「きれいさ」についても記録してくれていたので，今度は，一番きれいにゴミ拾い活動ができた班をまとめてみることになり，ともみさんは，次の表を新しくつくりました。
　もし，「きれいさ」の点数の合計で一番きれいにできた班を表彰する場合，表彰されるのはどの班になりますか。班の番号で答えましょう。

班名	1回目	2回目	3回目	4回目	5回目
1班	1点	1点	2点	2点	3点
2班	3点	2点	3点	2点	3点
3班	2点	2点	2点	1点	1点
4班	2点	3点	2点	1点	2点
5班	2点	2点	2点	3点	2点
6班	2点	2点	3点	2点	3点

※「きれいさ」の点数：とてもきれい（3点），きれい（2点），ふつう（1点）

(3) ここでまた，クラスのみんなから次のような感想や意見が出ました。

「かかった時間の短さときれいさでは1位が違うね。」

「かかった時間の短さときれいさの両方をみて表彰する班を決めるべきだよ。」

「比較しやすいようにグラフにしてみたらどうだろう。」

そこでともみさんは，ゴミ拾いにかかった時間の短さの合計と「きれいさ」の点数の合計のそれぞれについて，1位6点，2位5点，3位4点，4位3点，5位2点，6位1点の得点を各班に与えて，それらを合計したグラフをつくることにしました。

1班のグラフの書き方を参考にして，解答用紙のグラフを完成させましょう。

また，この場合，もっとも得点が高くなるのはどの班になりますか。班の番号で答えましょう。

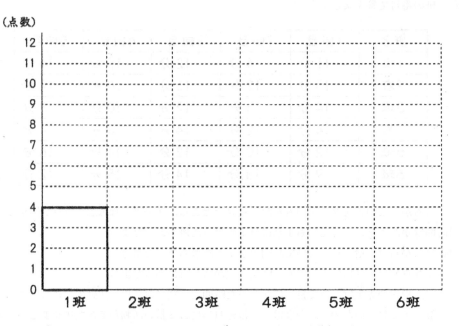

(4) グラフを見たクラスのみんなから，さらに次のような2つの意見が出ました。

「せっかくゴミ拾いにかかった時間の短さの合計やきれいさの合計で1位になったのだから，1位の班の得点はもっと高くしてもいいんじゃないかな。」

「ゴミ拾い活動をすることの意味を考えて，同じ1位でも，ゴミ拾い活動にかかった時間の短さよりも，きれいさで1位になった班の方がより高得点になるようにすべきだよ。」

ともみさんは，今までの話し合いで出てきた意見やグラフをつくったときの考え方をもとに，上の2つの意見も取り入れて，これまでの5回のゴミ拾い活動を得点化し，もっとも得点の高かった班を表彰するしくみを，あらためてみんなに説明しました。

ともみさんになったつもりで，ゴミ拾い活動を得点化し，もっとも得点の高かった班を表彰するしくみの説明を，解答用紙に書きましょう。

また，そのしくみで表彰されるのはどの班になりますか。班の番号で答えましょう。

2　次の会話文Ⅰと会話文Ⅱは，ある親子の間でのものです。この場面設定では，会話文Ⅰに登場する子どもが会話文Ⅱでは父親となっています。
　　年代の異なる２つの会話文を読んで，(1)から(4)の問いに答えましょう。

会話文Ⅰ　（1970年代のある親子の会話）

> お父さん：ただいま。
> 子ども　：お父さん，お帰り。夕飯ができているからみんなで食べよう。
> お父さん：そうだね，お父さんも食べるとするよ。
> お母さん：最近，お父さん，家に帰る時間が早くなったわね。
> お父さん：そうだね。去年，札幌でも地下鉄が開通したので，会社までの通勤時間が短くなっ
> 　　　　　たからね。
> 子ども　：いいな。ぼくも今度地下鉄に乗せてよ。
> お父さん：いいよ。来週の日曜日，みんなで大通まで地下鉄に乗って，買い物に行こうか。
> お母さん：あら，うれしいわ。わたしもデパートに行きたかったの。
> お父さん：それはよかったね。　ところで，今日は天気がよかったけど，学校が終わったあと，
> 　　　　　元気に外で遊んだかい。
> 子ども　：うん，遊んだよ。クラスのみんなと「スマイルにこにこ公園」でサッカーをやって，
> 　　　　　ゴールを決めたよ。
> お父さん：そうか。ところで，公園でボール遊びをしていて，近所の人にしかられるようなこ
> 　　　　　とはないかい。
> 子ども　：大丈夫だよ。だって公園の周りに家は１つもないし，他に遊んでいる人もいないの
> 　　　　　で，ボールが当たる心配はないよ。
> お父さん：それだったら安心だ。
> お母さん：じゃあ，公園の話はそこまでにして，みんなで夕飯を食べましょう。今日の夕飯は
> 　　　　　カレーライスよ。
> 子ども　：おなかすいたね。早くカレーライスを食べたいよ。

会話文Ⅱ　（2014年のある親子の会話）

> お父さん：ただいま。
> 子ども　：お帰りなさい。今日は早かったわね。
> お父さん：今日は道路が渋滞していなかったからね。車の運転も楽だったよ。ところで，学校
> 　　　　　から帰って宿題をしたのかい。
> 子ども　：宿題はちゃんと終わらせたし，ピアノの練習もすませたわ。そのあと公園で友だち
> 　　　　　と遊んだの。
> お父さん：そうか。それで，どこの公園に行ったんだい。
> 子ども　：「スマイルにこにこ公園」に遊びに行ったの。
> お父さん：ほお，「スマイルにこにこ公園」か。お父さんも小学生のころ，よく遊びに行った
> 　　　　　よ。当時は，お父さんたちしか遊んでいる人はいなかったけどね。

子ども　：いまはたくさんの人が遊んでいるわよ。でもね，今日，「スマイルにこにこ公園」のとなりに住む田中さんにしかられたの。

お父さん：えっ，どうしてしかられたんだい。

子ども　：さとしくんがけったボールが公園の柵を飛びこえて，田中さんの家に当たったの。

お父さん：それはしかられても仕方がないよ。でも，①お父さんが小学生のころは，ボールで遊んでいても，しかられることはなかったんだけどな。

子ども　：えっ，なぜ。いまは公園内でのボール遊び禁止の看板が立っていて，ボールで遊びたくても遊べないの。

お父さん：そうか，お父さんのころとは様子が変わってしまったんだね。

子ども　：いまどきの公園はボール遊び禁止のところが多いから，遊び場所がなくて困っているの。

お母さん：ただいま。

子ども　：お帰りなさい，お母さん。お父さんより帰りが遅かったわね。

お母さん：あら，ごめんなさい。ところで二人とも，むずかしい顔をしてどうしたの。

子ども　：今日，「スマイルにこにこ公園」に遊びに行くからねってメールしたわよね。

お母さん：ええ，見たわ。

子ども　：そこで，みんなでボール遊びをしていたら，さとしくんのけったボールが田中さんの家に当たってしかられたの。「家にボールを当てちゃだめじゃないか。そもそも，ボール遊びは禁止だろ！」と言われたわ。

お母さん：あの公園はボール遊び禁止でしょ。知っていて遊んでいたの。

子ども　：うん，ごめんなさい。

お母さん：すぐにあやまりにいったの。

子ども　：いいえ。ボールを取りに行ったあと，そのまま遊んでいたら，田中さんが家から出てきてしかられたの。

お母さん：それじゃ，しかられて当然ね。

お父さん：ところで，「スマイルにこにこ公園」も昔みたいにボール遊びができるようにならないかな。

お母さん：そうね，なにかよい考えはないかしら。

お父さん：まずは，②なぜ田中さんにしかられたのかを考えないとだめだね。それから，③公園で遊んでいる他の人たちのことも考えなくちゃいけないだろうね。この２つのことをしっかりと考えて，④みんなが納得できるルールを市長さんに提案したら，昔のようにボールで遊べる公園になるかもしれないね。

子ども　：みんなが納得できるルールって，どうしたらいいのかしら。

お父さん：それはいつも一緒に遊ぶ友だちと話し合ってごらん。大人がアイディアを出すより，子どもたちの素直なアイディアの方が市長さんに伝わると思うよ。

子ども　：なにかよいアイディアはないかしら。なかなかむずかしいわ。

お母さん：さて，この続きは夕飯を食べてからにしましょう。今日の夕飯はカツカレーよ。

お父さん：おっ，カツカレーか。お父さん，大好きなんだ。

(1)　下線部①について，1970年代の「スマイルにこにこ公園」では，ボール遊びをしていてもしかられることはありませんでした。その理由として考えられるものを会話文Ⅰの中からみつけ，会話文Ⅰの文章を用いて，50字以内で書きましょう。

　　なお，「，」や「。」も１字として数えることとします。

(2)　下線部②について，田中さんにしかられたのはなぜだと考えられますか。会話文Ⅱの内容から判断できるものを，すべて書きましょう。

(3)　下線部③について，公園で遊んでいる他の人たちの立場で考えたとき，ボール遊びを禁止とするのはなぜだと考えられますか。会話文Ⅰの内容から判断できるものを，すべて書きましょう。

(4)　下線部④について，お父さんのアドバイスをすべていかして，「みんなが納得できるルール」をあなたが考えるとしたら，どのようなルールを提案しますか。下の地図も参考にして，解答用紙に具体的な提案内容を書きましょう。

　　なお，公園の柵を高くしたり，公園の面積を大きくしたりするなど，公園そのものを変更する提案はできないものとします。

2014年現在の「スマイルにこにこ公園」の周辺地図

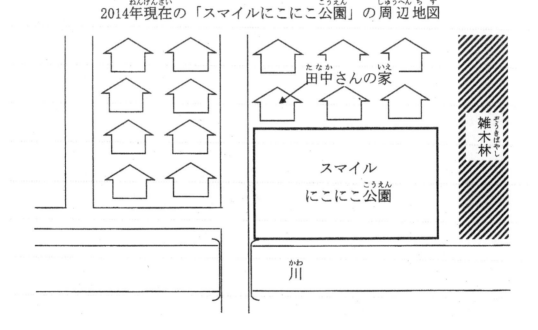

大切なことはメモしておこうネ!

〇月×日 △曜日　天気〈合格日和〉

解答用紙集

◆ご利用のみなさまへ
＊解答用紙の公表を行っていない学校につきましては、弊社の責任に
　おいて、解答用紙を制作いたしました。
＊編集上の理由により一部縮小掲載した解答用紙がございます。
＊編集上の理由により一部実物と異なる形式の解答用紙がございます。

人間の最も偉大な力とは、その一番の弱点を克服したところから
生まれてくるものである。──カール・ヒルティ──

東京学参株式会社

※ 132％に拡大していただくと，解答欄は実物大になります。

1

(1)

ア

(2)

1番	2番	3番	4番	5番

(3)

イ

(4)

ウ	エ

(5)

1番	2番	3番	4番	5番	6番	7番	8番	9番	10番

2

(1)	ア	
(2)	イ	
(3)	ウ	
(4)	エ	

(5)

一つ目のルート

G　　　　　　　　　　　　　　　　　F

二つ目のルート

G　　　　　　　　　　　　　　　　　F

1

(1)

プレゼント企画

本紹介ポスター作成

(2)

※◆の印から，横書きで書きましょう。途中で行を変えないで，続けて書きましょう。

※「。」や「、」も1字として数えるので，行の最後で右にますがないときは，ますの外に書いたり，ますの中に文字と一緒に書いたりせず，次の行の初めのますに書きましょう。

◆

15
30
45
60
75
90
105
120
135
150
165
180
195
200

2

※◆の印から、横書きで書きましょう。途中で行を変えないで、続けて書きましょう。

※「。」や「、」も1字として数えるので、行の最後で右にますがないときは、ますの外に書いたり、ますの中に文字と一緒に書いたりせず、次の行の初めのますに書きましょう。

白井さん	黒田さん	赤川さん

問い

（解答欄：横書きの原稿用紙）

※ 111%に拡大していただくと，解答欄は実物大になります。

1

(1)	ア

(2)	イ

(3)	ウ	エ	オ

(4)	春_{はる}セット	
	夏_{なつ}セット	
	秋_{あき}セット	
	冬_{ふゆ}セット	
	季節_{きせつ}セット	
	果物_{くだもの}セット	
	イベントセット	
	3種類_{しゅるい}セット	

(5)	きたさんの得点_{とくてん}	にしさんの得点_{とくてん}	みなみさんの得点_{とくてん}	ひがしさんの得点_{とくてん}	合計得点_{ごうけいとくてん}

2

(1)

(2)

さ行の共通点	せ

(3)

(4)

(5)

※ 114%に拡大していただくと，解答欄は実物大になります。

1

	まおさんグループ	ア	
	イ		

(1)

	ゆうきさんグループ	ア	
	イ		

(2)

選んだ人に〇をつけましょう	だいちさん（公園）・まおさん（花だん）・ゆうきさん（商店街）

※◆の印から、横書きで書きましょう。途中で行を変えないで、続けて書きましょう。
※「。」や「、」も1字として数えるので、行の最後で右にますがないときは、ますの外に書いたり、ますの中に文字と一緒に書いたりせず、次の行の初めのますに書きましょう。

◆

15
30
45
60
75
90
105
120
135
150
165
180
195

200

2

※◆の印から、横書きで書きましょう。途中で行を変えないで、続けて書きましょう。

※「。」や「、」も1字として数えるので、行の最後で右にますがないときは、ますの外に書いたり、ますの中に文字と一緒に書いたりせず、次の行の初めのますに書きましょう。

問い

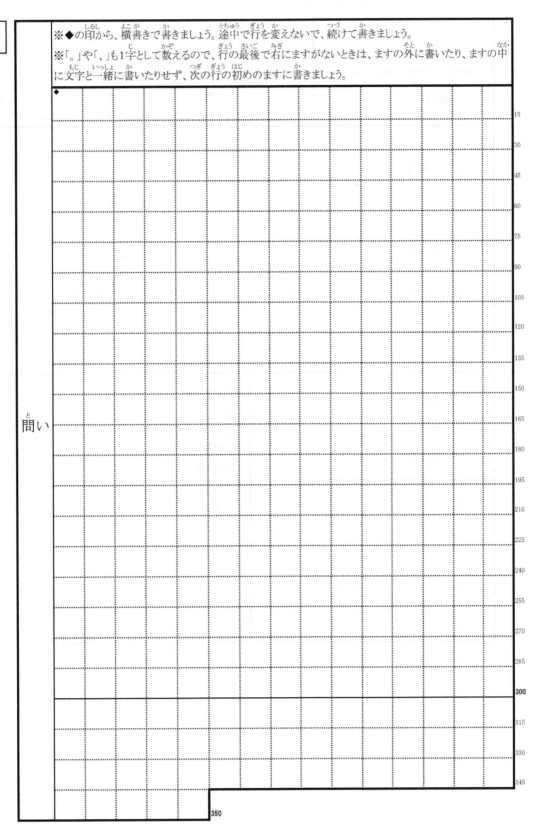

15
30
45
60
75
90
105
120
135
150
165
180
195
210
225
240
255
270
285
300
315
330
345

350

※114％に拡大していただくと，解答欄は実物大になります。

1

(1)	

(2)	(強い)　　　→　　　　→　　　→　　　(弱い)

(3)	1回目（かいめ）	
	2回目（かいめ）	
	3回目（かいめ）	

(4)	呪文（じゅもん）の名前（なまえ）		魔法使い（まほうつか）の名前（なまえ）	
	呪文（じゅもん）の名前（なまえ）		魔法使い（まほうつか）の名前（なまえ）	

(5)	ウ		エ	
	オ		カ	
	キ		ク	

2

(1)			
(2)	ア	イ	ウ
(3)	エ	オ	
(4)	カ	キ	
(5)	ク		

※116%に拡大していただくと，解答欄は実物大になります。

1

※◆の印から、横書きで書きましょう。途中で行を変えないで、続けて書きましょう。

※「。」や「、」も1字として数えるので、行の最後で右にますがないときは、ますの外に書いたり、ますの中に文字と一緒に書いたりせず、次の行の初めのますに書きましょう。

問い

15
30
45
60
75
90
105
120
135
150
165
180
195
200
210
225
240
255
270
285
300

2

選択したスライドの
アルファベット

① [ ]　→② [ ]　→③ [ ]

※◆の印から、横書きで書きましょう。途中で行を変えないで、続けて書きましょう。

※「。」や「、」も1字として数えるので、行の最後で右にますがないときは、ますの外に書いたり、ますの中に文字と一緒に書いたりせず、次の行の初めのますに書きましょう。

スライド①

◆

15
30
45
50
60
75
90
100

スライド②

◆

15
30
45
50
60
75
90
100

スライド③

◆

15
30
45
50
60
75
90
100

※ 118%に拡大していただくと，解答欄は実物大になります。

1

(1)	ア	イ	ウ	エ
	分間	ゴンドラ	分間	分間

(2)	オ	カ

(3)	キ	ク	ケ
	さん	さん	さん

(4)	

(5)	

2

①	②	③
(1)		

④	⑤
(2)	

(3)

(4)

(5)

※ 120％に拡大していただくと，解答欄は実物大になります。

1

	道具やもの	工夫	目的
(1)			

(2)

※◆の印から、横書きで書きましょう。途中で行を変えないで、続けて書きましょう。

※「。」や「、」も1字として数えるので、行の最後で右にますがないときは、ますの外に書いたり、ますの中に文字と一緒に書いたりせず、次の行の初めのますに書きましょう。

15
30
45
60
75
90
105
120
135
150
165
180
195
200

2

(1)

賛成意見

反対意見

(2)

※◆の印から、横書きで書きましょう。途中で行を変えないで、続けて書きましょう。

※「。」や「、」も1字として数えるので、行の最後で右にますがないときは、ますの外に書いたり、ますの中に文字と一緒に書いたりせず、次の行の初めのますに書きましょう。

◆

15

30

45

60

75

90

100　　105

120

135

150

※ 116%に拡大していただくと，解答欄は実物大になります。

1

(1)			

(2)			

(3)	かずきさん	あいこさん	こうきさん

(4)	ウ	エ	

(5)	かずきさん	あいこさん	こうきさん

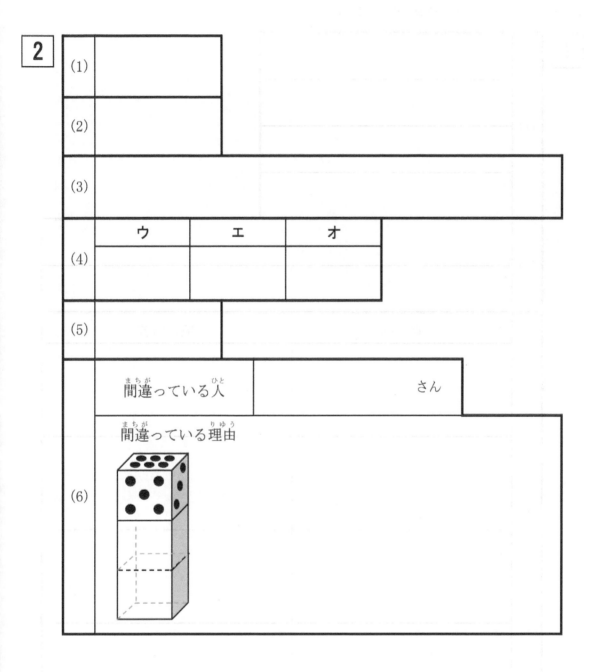

2

(1)	
(2)	

(3)	

(4)	ウ	エ	オ

(5)	

(6)	間違っている人	さん
	間違っている理由	

※ 117%に拡大していただくと，解答欄は実物大になります。

1

(1)

(2)

(3)

目　的	取組内容

2

(1)

①	
②	
③	

(2)

付せんの番号	改善するためのアイデア

(3)

選んだ提案	

※◆の印から、横書きで書きましょう。途中で行を変えないで、続けて書きましょう。

※「。」や「、」も1字として数えるので、行の最後で右にますがないときは、ますの外に書いたり、ますの中に文字と一緒に書いたりせず、次の行の初めのますに書きましょう。

◆

15

30

45

60

75

90

105

120

※この解答用紙は114%に拡大していただくと，実物大になります。

1

(1)	
(2)	
(3)	
(4)	
(5)	
(6)	

2

(1)	ア	
	イ	
	ウ	

(2)	体育館の裏側	
	前庭	
	校舎の北側	

(3)	A	B	C	D	E	F

(4)	花の記号　—　花だんの場所		
	（解答例）　K　—　体育館の裏側		

100

※この解答用紙は130%に拡大していただくと，実物大になります。

1

(1)

(2)

(3)

新(あら)たに加(くわ)える工夫(くふう)

その工夫(くふう)によって使(つか)いやすくなる点(てん)

2

(1)

(2)

※◆の印から、横書きで書きましょう。途中で行を変えないで、続けて書きましょう。

※「。」や「、」も1字として数えるので、行の最後で右にますがないときは、ますの外に書いたり、ますの中に文字と一緒に書いたりせず、次の行の初めのますに書きましょう。

※資料の数値を書く場合、「49.0」のような数値も1字として数えるので、1つのますの中に書きましょう。

資	料	1	と	2	の	2	つ	の	デ	ー	タ	か	ら	、

◆

15
30
45
60
75
90
105
120
135
150
165
180
195
200

100

※この解答用紙は118%に拡大していただくと，実物大になります。

1

(1)

(2)

	ア	イ	ウ	エ

(3)

(4)

2

(1)

	9時		10時		11時		12時		13時		14時		15時		16時	
		30分		30分		30分		30分		30分		30分		30分		30分
のうえん 農園			↔		↔		↔		↔		↔		↔		↔	
はくぶつかん 博物館																
えき 駅						↔	ちゅうしょく 昼食			↔						
びじゅつかん 美術館																
でんぱとう 電波塔																
てんぼうだい 展望台																
どうぶつえん 動物園																
こうえん 公園																

(2)

ア		イ	
ウ		エ	
オ		カ	
キ		ク	
ケ			

(3)

スタート	がっこう 学 校	5番目	
1番目		6番目	
2番目		7番目	
3番目		8番目	
ちゅうしょく 昼 食	えき 駅	ゴール	がっこう 学 校
4番目			

100

※この解答用紙は 132％に拡大していただくと，実物大になります。

1

(1)	1		
	2		
	3		
	4		
	5		
(2)	1		
	2		
	3		
	4		
	5		

(3)

札幌の冬の生活に不安を感じているあなたへ

_____

_____

_____

_____

_____

_____

_____

_____

この冬、札幌でお会いできることを楽しみにしています。

2

(1)

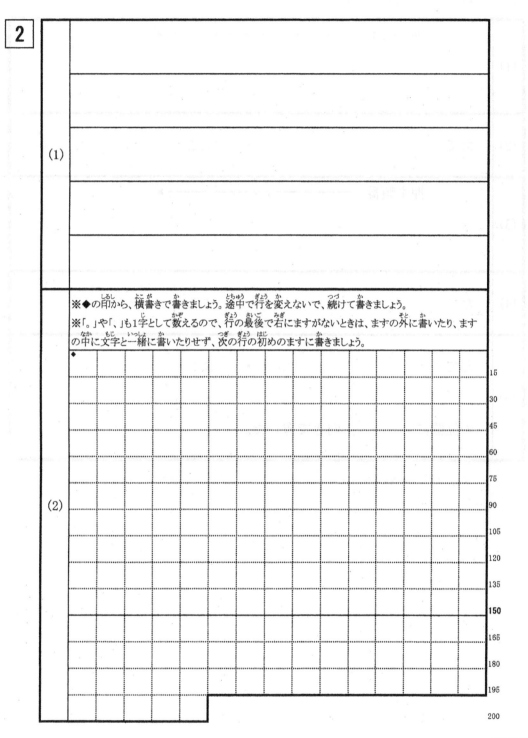

※◆の印から、横書きで書きましょう。途中で行を変えないで、続けて書きましょう。
※「。」や「、」も1字として数えるので、行の最後で右にますがないときは、ますの外に書いたり、ますの中に文字と一緒に書いたりせず、次の行の初めのますに書きましょう。

(2)

◆

15
30
45
60
75
90
105
120
135
150
165
180
195
200

100

※ この解答用紙は113％に拡大していただくと，実物大になります。

1		
(1)	押す順番 ―――――――――――→	
(2)	たて　　　　　　　　　　　　・　　よこ	
(3)	押す順番 ―――――――――――→	
(4)	たて　　　　　　　　　　　　・　　よこ	
(5)	たて　　　　　　　　　　　　・　　よこ の位置に　　　　　向きで置いた。	

2

(1)	ア			
(2)	イ		ウ	
(3)	エ		オ	
(4)	「筆」以外の文房具			
(5)	→ →			
(6)	◎　　　枚、○　　　枚、△　　　枚、□　　　枚			

100

※ この解答用紙は 122％に拡大していただくと，実物大になります。

1		手がかりとなる言葉		自分で考えた疑問
	(1)	変化	①	
		伝える	②	
		人を集める	③	
		新たなものを創り出す	④	
		より良くする	⑤	
		目に見えるもの	⑥	
		札幌と世界のつながり	⑦	
	(2)	⑧	⑨	
	(3)			

2

(1)

1

2

3

4

5

6

7

8

9

10

(2)

※◆の印から、横書きで書きましょう。途中で行を変えないで、続けて書きましょう。

15

30

60

90

120

150

180

200

100

MEMO

大切なことはメモしておこうネ！

MEMO

大切なことはメモしておこうネ！

大切なことはメモしておこうネ！

MEMO

大切なことはメモしておこうネ！

公立中高一貫校適性検査対策シリーズ

攻略！ 公立中高一貫校適性検査対策問題集

総合編 ※年度版商品

- 実際の出題から良問を精選
- 思考の道筋に重点をおいた詳しい解説（一部動画つき）
- 基礎を学ぶ6つのステップで作文を攻略
- 仕上げテストで実力を確認

※毎年春に最新年度版を発行

公立中高一貫校適性検査対策問題集

資料問題編

- 公立中高一貫校適性検査必須の出題形式「資料を使って解く問題」を完全攻略
- 実際の出題から良問を精選し、10パターンに分類
- 例題で考え方・解法を身につけ、豊富な練習問題で実戦力を養う
- 複合問題にも対応できる力を養う

定価：1,320円（本体1,200円＋税10%）／ ISBN：978-4-8080-8600-8　C6037

公立中高一貫校適性検査対策問題集

数と図形編

- 公立中高一貫校適性検査対策に欠かせない数や図形に関する問題を徹底練習
- 実際の出題から良問を精選、10パターンに分類
- 例題で考え方・解法を身につけ、豊富な練習問題で実戦力を養う
- 他教科を含む複合問題にも対応できる力を養う

定価：1,320円（本体1,200円＋税10%）／ ISBN：978-4-8080-4656-9　C6037

公立中高一貫校適性検査対策問題集

生活と科学編

- 理科分野に関する問題を徹底トレーニング！！
- 実際の問題から、多く出題される生活と科学に関する問題を選び、13パターンに分類
- 例題で考え方・解法を身につけ、豊富な練習問題で実戦力を養う
- 理科の基礎知識を確認し、適性検査の問題形式に慣れることができる

定価：1,320円（本体1,200円＋税10%）／ ISBN：978-4-8141-1249-4　C6037

公立中高一貫校適性検査対策問題集

作文問題（書きかた編）

- 出題者、作問者が求めている作文とは！？　採点者目線での書きかたを指導
- 作文の書きかたをまず知り、文章を書くのに慣れるためのトレーニングをする
- 問題文の読み解きかたを身につけ、実際に書く際の手順をマスター
- 保護者の方向けに「サポートのポイント」つき

定価：1,320円（本体1,200円＋税10%）／ ISBN：978-4-8141-2078-9　C6037

公立中高一貫校適性検査対策問題集

作文問題（トレーニング編）

- 公立中高一貫校適性検査に頻出の「文章を読んで書く作文」攻略に向けた問題集
- 6つのテーマ、56の良問…バラエティー豊かな題材と手応えのある問題量で力をつける
- 大問1題あたり小問3〜4問。チャレンジしやすい問題構成
- 解答欄、解答例ともに実戦的な仕様

定価：1,320円（本体1,200円＋税10%）／ ISBN：978-4-8141-2079-6　C6037

東京学参の
中学校別入試過去問題シリーズ

*出版校は一部変更することがあります。一覧にない学校はお問い合わせください。

公立中高一貫校「適性検査対策」問題集シリーズ

総合編

作文問題編

資料問題編

数と図形編

生活と科学編

実力確認テスト編

私立中・高スクールガイド

ザ THE 私立

私立中学＆高校の学校生活がわかる！

東京学参の
高校別入試過去問題シリーズ

*出版校は一部変更することがあります。一覧にない学校はお問い合わせください。

東京ラインナップ

あ 愛国高校(A59)
青山学院高等部(A16)★
桜美林高校(A37)
お茶の水女子大附属高校(A04)
か 開成高校(A05)★
共立女子第二高校(A40)★
慶應義塾女子高校(A13)
啓明学園高校(A68)★
国学院高校(A30)
国学院大久我山高校(A31)
国際基督教大高校(A06)
小平錦城高校(A61)★
駒澤大高校(A32)
さ 芝浦工業大附属高校(A35)
修徳高校(A52)
城北高校(A21)
専修大附属高校(A28)
創価高校(A66)★
た 拓殖大第一高校(A53)
立川女子高校(A41)
玉川学園高等部(A56)
中央大高校(A19)
中央大杉並高校(A18)★
中央大附属高校(A17)
筑波大附属高校(A01)
筑波大附属駒場高校(A02)
帝京大高校(A60)
東海大菅生高校(A42)
東京学芸大附属高校(A03)
東京農業大第一高校(A39)
桐朋高校(A15)
都立青山高校(A73)★
都立国立高校(A76)★
都立国際高校(A80)★
都立国分寺高校(A78)★
都立新宿高校(A77)★
都立墨田川高校(A81)★
都立立川高校(A75)★
都立戸山高校(A72)★
都立西高校(A71)★
都立八王子東高校(A74)★
都立日比谷高校(A70)★
な 日本大櫻丘高校(A25)
日本大第一高校(A50)
日本大第三高校(A48)
日本大第二高校(A27)
日本大鶴ヶ丘高校(A26)
日本大豊山高校(A23)
は 八王子学園八王子高校(A64)
法政大高校(A29)
ま 明治学院高校(A38)
明治学院東村山高校(A49)
明治大付属中野高校(A33)
明治大付属八王子高校(A67)
明治大付属明治高校(A34)★
明法高校(A63)
わ 早稲田実業学校高等部(A09)
早稲田大高等学院(A07)

神奈川ラインナップ

あ 麻布大附属高校(B04)
アレセイア湘南高校(B24)
か 慶應義塾高校(A11)
神奈川県公立高校特色検査(B00)
さ 相洋高校(B18)
た 立花学園高校(B23)
桐蔭学園高校(B01)

東海大付属相模高校(B03)★
桐光学園高校(B11)
な 日本大高校(B06)
日本大藤沢高校(B07)
は 平塚学園高校(B22)
藤沢翔陵高校(B08)
法政大国際高校(B17)
法政大第二高校(B02)★
や 山手学院高校(B09)
横須賀学院高校(B20)
横浜商科大高校(B05)
横浜市立横浜サイエンスフロンティア高校(B70)
横浜翠陵高校(B14)
横浜清風高校(B10)
横浜創英高校(B21)
横浜隼人高校(B16)
横浜富士見丘学園高校(B25)

千葉ラインナップ

あ 愛国学園大附属四街道高校(C26)
我孫子二階堂高校(C17)
市川高校(C01)★
か 敬愛学園高校(C15)
さ 芝浦工業大柏高校(C09)
渋谷教育学園幕張高校(C16)★
翔凜高校(C34)
昭和学院秀英高校(C23)
専修大松戸高校(C02)
た 千葉英和高校(C18)
千葉敬愛高校(C05)
千葉経済大附属高校(C27)
千葉日本大第一高校(C06)★
千葉明徳高校(C20)
千葉黎明高校(C24)
東海大付属浦安高校(C03)
東京学館高校(C14)
東京学館浦安高校(C31)
な 日本体育大柏高校(C30)
日本大習志野高校(C07)
は 日出学園高校(C08)
や 八千代松陰高校(C12)
ら 流通経済大付属柏高校(C19)★

埼玉ラインナップ

あ 浦和学院高校(D21)
大妻嵐山高校(D04)★
か 開智高校(D08)
開智未来高校(D13)★
春日部共栄高校(D07)
川越東高校(D12)
慶應義塾志木高校(A12)
さ 埼玉栄高校(D09)
栄東高校(D14)
狭山ヶ丘高校(D24)
昌平高校(D23)
西武学園文理高校(D10)
西武台高校(D06)

た 東京農業大第三高校(D18)
は 武南高校(D05)
本庄東高校(D20)
や 山村国際高校(D19)
ら 立教新座高校(A14)
わ 早稲田大本庄高等学院(A10)

北関東・甲信越ラインナップ

あ 愛国学園大附属龍ヶ崎高校(E07)
宇都宮短大附属高校(E24)
か 鹿島学園高校(E08)
霞ヶ浦高校(E03)
共愛学園高校(E31)
甲陵高校(E43)
国立高等専門学校(A00)
さ 作新学院高校
（トップ英進・英進部）(E21)
（情報科学・総合進学部）(E22)
常総学院高校(E04)
た 中越高校(R03)＊
土浦日本大高校(E01)
東洋大附属牛久高校(E02)
な 新潟青陵高校(R02)
新潟明訓高校(R04)
日本文理高校(R01)
は 白鷗大足利高校(E25)
前橋育英高校(E32)
ま
や 山梨学院高校(E41)

中京圏ラインナップ

あ 愛知高校(F02)
愛知啓成高校(F09)
愛知工業大名電高校(F06)
愛知みずほ大瑞穂高校(F25)
暁高校（3年制）(F50)
鶯谷高校(F60)
栄徳高校(F29)
桜花学園高校(F14)
岡崎城西高校(F34)
か 岐阜聖徳学園高校(F62)
岐阜東高校(F61)
享栄高校(F18)
さ 桜丘高校(F36)
至学館高校(F19)
椙山女学園高校(F10)
鈴鹿高校(F53)
星城高校(F27)★
誠信高校(F33)
清林館高校(F16)★
た 大成高校(F28)
大同大大同高校(F30)
高田高校(F51)
滝高校(F03)★
中京高校(F63)
中京大附属中京高校(F11)★

公立高校入試対策
問題集シリーズ

- 目標得点別・公立入試の数学（基礎編）
- 実戦問題演習・公立入試の数学（実力錬成編）
- 実戦問題演習・公立入試の英語（基礎編・実力錬成編）
- 形式別演習・公立入試の国語
- 実戦問題演習・公立入試の理科
- 実戦問題演習・公立入試の社会

中部大春日丘高校(F26)★
中部大第一高校(F32)
津田学園高校(F54)
東海高校(F04)★
東海学園高校(F20)
東邦高校(F12)
同朋高校(F22)
豊田大谷高校(F35)
な 名古屋高校(F13)
名古屋大谷高校(F23)
名古屋経済大市邨高校(F08)
名古屋経済大高蔵高校(F05)
名古屋女子大高校(F24)
名古屋たちばな高校(F21)
日本福祉大付属高校(F17)
人間環境大附属岡崎高校(F37)
は 光ヶ丘女子高校(F38)
誉高校(F31)
ま 三重高校(F52)
名城大附属高校(F15)

宮城ラインナップ

さ 尚絅学院高校(G02)
聖ウルスラ学院英智高校(G01)★
聖和学園高校(G05)
仙台育英学園高校(G04)
仙台城南高校(G06)
仙台白百合学園高校(G12)
た 東北学院高校(G03)★
東北学院榴ヶ岡高校(G08)
東北高校(G11)
東北生活文化大高校(G10)
常盤木学園高校(G07)
は 古川学園高校(G13)
ま 宮城学院高校(G09)

北海道ラインナップ

さ 札幌光星高校(H06)
札幌静修高校(H09)
札幌第一高校(H01)
札幌北斗高校(H04)
札幌龍谷学園高校(H08)
は 北海高校(H03)
北海学園札幌高校(H07)
北海道科学大高校(H05)
ら 立命館慶祥高校(H02)

★はリスニング音声データのダウンロード付き。

高校入試特訓問題集
シリーズ

- 英語長文難関攻略33選(改訂版)
- 英語長文テーマ別難関攻略30選
- 英文法難関攻略20選
- 英語難関徹底攻略33選
- 古文完全攻略63選(改訂版)
- 国語融合問題完全攻略30選
- 国語長文難関徹底攻略30選
- 国語知識問題完全攻略13選
- 数学の図形と関数・グラフの融合問題完全攻略272選
- 数学難関徹底攻略700選
- 数学の難問80選
- 数学 思考力─規則性とデータの分析と活用─

都道府県別
公立高校入試過去問
シリーズ

- 全国47都道府県別に出版
- 最近数年間の検査問題収録
- リスニングテスト音声対応

2404A

中学別入試過去問題シリーズ

市立札幌開成中等教育学校　2025年度

ISBN978-4-8141-3124-2

[発行所] 東京学参株式会社
　　　　〒153-0043　東京都目黒区東山2-6-4

書籍の内容についてのお問い合わせは右のQRコードから　⇒　

※書籍の内容についてのお電話でのお問い合わせ、本書の内容を超えたご質問には対応
　できませんのでご了承ください。

2024年5月30日　初版